우리는 그렇지 않아

우리는 그렇지 않아
동물에 대해 우리가 생각지도 못했던 사실들

초판 1쇄 발행 2022년 11월 20일

글 최은규 | 그림 지연리 | 펴냄 박진영 | 디자인 새와나무 | 펴낸곳 머스트비
등록 2012년 9월 6일 제406-2012-000154호 | 주소 경기도 파주시 심학산로 12 303호
전화 031-902-0091 | 팩스 031-902-0920 | 이메일 mustb0091@naver.com

ISBN 979-11-6034-180-5 73810

ⓒ 2022 글 최은규, 그림 지연리

이 도서는 한국출판문화산업진흥원의 '2022년 우수출판콘텐츠 제작 지원' 사업 선정작입니다.

 | 품명: 우리는 그렇지 않아 | 제조자명: 머스트비 | 주소: 경기도 파주시 심학산로 12 303호
연락처: 031-902-0091 | 제조년월: 2022년 11월 | 제조국: 대한민국 | 사용연령: 10세 이상
취급상 주의사항 | 종이에 베이지 않도록 주의하세요. 책의 모서리가 날카로우니 던지거나 떨어뜨려 다치지 않도록 주의하세요.
KC마크는 이 제품이 공통안전기준에 적합하였음을 의미합니다.

우리는 그렇지 않아

글 최은규 · 그림 지연리

동물에 대해 우리가 생각지도 못했던 사실들

차
례
....

나는 누구일까요? 7
호동이가 구시렁구시렁 15

part 1 우리는 함부로 힘자랑을 하지 않아

늑대가 나타났다! 22
이럴 줄 몰랐지? 26
존과 에이스의 편지 30

part 2 우리는 서로서로 아끼고 보호해

62마리의 생쥐 36
이럴 줄 몰랐지? 40
롭 하웨스의 편지 44

part 3 우리는 스스로 열심히 배우고 연습해

오늘은 호두 까는 법을 배워 볼까? 48
이럴 줄 몰랐지? 52
파이크의 편지 60

part 4 우리도 우리끼리 중요한 대화를 나눠

병아리가 쫑알쫑알 64
이럴 줄 몰랐지? 68
앨런의 편지 72
페퍼버그의 편지 74

part 5 우리는 우리를 위한 가장 좋은 결정을 내릴 수 있어

별난 사자 78
이럴 줄 몰랐지? 84
영국 기자의 편지 88

part 6 우리는 편리하게 쓰려고 도구를 만들어

오늘의 요리 94
이럴 줄 몰랐지? 98
커 박사의 편지 106

part 7 우리는 삶의 가치가 뭔지 잘 알아

대장님, 우리 대장님 112
이럴 줄 몰랐지? 116
마르클의 편지 122
클링겔의 편지 124

part 8 우리에게도 마음이 있어

파놈이 엉엉 울었어 128
이럴 줄 몰랐지? 132
샤르마의 편지 136

땡칠이 호동이의 우리 식구 이야기 139
우리는 누구일까요? 165

나는
누구일까요?

나는 **수영**을 아주 잘합니다.

꼬르륵 가라앉는 법이 없죠.

물살을 가르며 앞으로 슉슉 나가요.

나는 배 터지게 **먹는 걸** 좋아하지 않고요.

어휴, **지저분한 건** 딱 질색이에요.

달리기도 꽤 잘한답니다.

도로에서 자동차들이 보통 시속 50km로 달리잖아요?

나도 그만큼 빨라요.

시속 48km로 달려요.

나는 누구일까요?

힌트를 하나 줄게요.
"나는 눈동자가
반짝반짝 별빛 같아요."

나예요, 나.

나인 줄 몰랐죠?
상상도 못 했죠?

하지만 내 말은 모두 사실이에요.
돼지는 수영도 잘하고, 달리기도 잘하고, 깜짝 놀랄 만큼 똘똘하죠.
어마어마하게 깔끔한 건 말할 것도 없고요.
"돼지는 게을러. 돼지는 더러워.
돼지는 먹는 것밖에 모르는 욕심꾸러기야."

사람들은 왜
이런 말도 안 되는 거짓말을 퍼트렸을까요?

그래도 상황이 점점 나아지고 있기는 해요.
요즘은 돼지 장난감을 개발하는 사람들도 있는걸요.
"돼지들에게 장난감을 반드시 주시오!"
이런 규칙이 만들어졌거든요.
고통스럽고 끔찍한 '스톨'도 점점 사라지고 있답니다.
스톨은 옴짝달싹 못 하는 아주 좁은 우리인데요,
우리를 아주 빨리 살찌게 하려고 사람들이 만든 거예요.
우리가 고통스럽든 말든, 빨리빨리 고기를 많이 얻겠다고요.

"돼지는 햄이야. 소시지야. 맛있는 삼겹살이지."
사람들은 우리를 이렇게 생각하지만
우리는 그렇지 않아요!

돼지는 **돼지**랍니다.
우리는 고기가 되려고 이 세상에 살고 있는 게 아니에요.

우리는 무엇이 우리를 행복하게 만드는지를 생각하고
즐거움과 기쁨, 무서움과 슬픔 같은 감정도 느껴요.
그리고 중요한 사실! 우리에게도 목숨은 딱 하나밖에 없죠.
이런데도 아직……,
우리 돼지들이 삼겹살로만 보이나요?
우리에겐 아무런 생각도 느낌도 없는 것 같나요?
정말로 그런가요?

호동이가
구시렁구시렁

우리 대장은 동물을 좋아한다.
이 세상 오만 가지 동물에게 두루두루 관심이 참~~ 많다.

솔직히, 나만 좋아해도 충분하다.
당연하지!
그런데도 우리 대장은 나를 볼 그 시간에 동물 책을 본다.
동물이 나오는 프로그램도 틈나는 대로 본다.
"와, 지금 뭐 하는 거야, 나를 놔두고?
통통하고 귀여운 내 배나 좀 긁어 주시지!"
아, 나는 어이가 없어서 왈왈 짖는다.

그런데 이게 뭐야?

어……,

신나게 짖다가……, 음～～,

얼핏 보니……,
우리 대장이 보고 있던 장면은 의외로 흥미진진했다…….

1

우리는 함부로 힘자랑을 하지 않아

- 늑대가 나타났다!
- 이럴 줄 몰랐지?
- 존과 에이스의 편지

늑대가 나타났다!

"크르르르르……."
"크르르……."
두 마리 늑대가 서로에게 다가가고 있어.
어휴, 이를 어째. 점점 더 가까워지고 있잖아?
한 발짝, 또 한 발짝.

단단한 이빨과 붉은 잇몸.
날카로운 눈에선 파란빛까지 탁! 탁!
가만 지켜보던 대장 늑대까지 벌떡 몸을 일으켰어.
큰일 났다.
무시무시한 싸움이 벌어지겠어!

어, 그런데……. 대장 늑대가 왜 저렇게 걷지?
사뿐사뿐 춤을 추듯 다가가는 게 아니야?
게다 장난까지 거는 거야, 둘 중 힘이 더 세 보이는 늑대한테.
그 순간 두 늑대 눈의 오싹했던 파란 불꽃이 훅 꺼져 버렸어.
무슨 일이 있었냐는 듯이 뒹굴뒹굴 대장하고 놀기 시작했지.

'나도 같이 놀자.'
가만 옆에 서 있던 늑대까지 끼어들어 셋이 엎치락뒤치락 신이 났어.
휴, 다행이다. 정말 다행이야!
괜히 떨었네.

이럴 줄 몰랐지?

늑대는 무척 똑똑하다.
먹이 찾기가 너무 힘든 추운 겨울날,
늑대들이 포악한 얼굴로 우르르 몰려다니며 사냥감을 찾는다고?
천만의 말씀! 이건 사람들이 상상으로 지어낸 이야기다.
'모두 다 같이 힘들고 괴로울 필요가 없지.'
늑대들은 이렇게 생각하기 때문이다.
대장 홀로 2~3일간 이곳저곳을 탐색한 뒤
드디어 먹이의 흔적을 찾아내면 우우우~
동굴에서 기다리고 있는 다른 늑대들을 힘차게 부른다.
"먹이를 찾았어! 모두 이리로 와."

늑대들은 포악한 싸움꾼이 아니다.
대장이 먹잇감을 못 찾고 돌아와도 모두들 껑충껑충 뛰며 대장을 반겨 준다.
하지만 먹잇감 찾는 걸 자꾸자꾸 실패하면
서로 응원하던 늑대 무리도 조금씩 날카로워지기 마련이다.
너무너무 배고파서 고통스럽기 때문이다.
이럴 땐 대장 늑대가 노래를 부른다.
아주, 아주, 아주 슬프게, 하늘을 향해 구슬픈 노래를 한다.
그럼 다른 늑대들도 대장을 따라 노래하기 시작한다.
대장보다는 조금 낮은 음으로, 대장 노래를 방해하지 않는 소리를 낸다.
사이사이에 화음까지 넣어 가며 같이 부른다.
늑대들은 서로를 원망하고 싸우는 대신
이렇게 함께 노래를 부르며 서로를 감싸 주고 위로한다.

사람들은 이걸 '늑대들의 합창'이라고 이름 붙였어요.

백조는 물장구를 치느라 애쓰지 않는다.

"백조는 물 위에 우아하게 떠 있는 것 같지만
사실 물 밑에선 물장구를 엄청나게 치고 있는 중이다."
죽을힘을 다해 열심히 하라고 사람들은 종종 이런 말을 한다.
꽤 멋지게 들리지만, 거짓말이다!
오리도 둥둥, 논병아리도 둥둥, 원앙도 둥둥.
물을 좋아하는 새들은 원래 물 위에 둥둥 잘 뜬다.
언제나 편안하고 우아하게 떠 있을 수 있다.

코브라는 춤을 추지 않는다.

사람의 피리 소리에 맞춰 춤춘다는 건 거짓말!
코브라는 그저 움직이는 피리를 경계하는 것 뿐이다.

미련 곰탱이는 없다.

곰은 달리기는 물론이고 수영까지 엄청나게 잘한다.
물고기 낚시도 잽싸게 얼마나 잘한다고.
나무도 슉슉 잘 기어오르니까
곰을 만났을 때 나무 위로 도망을 치는 건
바보 같은 짓이다.

개미도 저축만 하는 것은 아니다.
가축도 키우고 농사도 짓는다.
개미의 가축은 진딧물이다.
누가 진딧물을 잡아먹지 못하게 보호해 주고
진딧물이 내보내는 달콤한 물을 받아 마신다.
개미는 버섯 같은 걸 농사지어 먹기도 한다.
잘 자라라고 비료를 주거나 솎아 주기도 하고
기생충에 감염되지 않도록 소독도 해 준다.

사람이 아무리 우겨 봤자 소용없다.
가끔 기린들이 서로 목을 맞대고 있을 때
사람들은 이걸 보고
사랑의 표시라는 둥, 우정의 표시라는 둥,
내키는 대로 이상한 말들을 지어낸다.
그러나 천만의 말씀!
사실 기린은 서로 싸울 때 목을 맞댄다.
힘껏 머리를 휘두르면
목숨을 잃을 수 있을 정도로 위험하다.
물론 기린은 영리해서,
서로 크게 다치거나 죽기 전에 싸움을 멈춘다.

바다에도 농사짓는 물고기들이 있대요.
이 물고기들은 자기가 좋아하는 해초를 잘 기르려고
주변의 다른 해초들은 뽑아 버린대요.

존과 에이스의 편지

우리는 크리스티앙의 가족, 존과 에이스예요.

크리스마스 날 사람들이 붐비던 영국의 한 백화점에서

아기 사자였던 크리스티앙을 처음 만났죠.

크리스티앙은 좁아터진 우리에 갇혀

겹겹이 둘러싼 사람들의 구경거리가 됐어요. 마치 사자 인형처럼요.

백화점 상품으로 사자를 팔다니 놀랍지요?

지금도 그렇지만

옛날에는 사람 아닌 동물의 생명을 지금보다 훨씬 더 깔봤거든요.

그래서 특별 상품으로 살아 있는 사자를 팔 수 있었던 거예요.

"사자는 물건이 아니야."

"우리가 저 사자를 사자답게 살게 해 주자."

우리는 가진 돈을 탈탈 털어 아기 사자를 데려왔어요.

처음엔 우리가 살던 가구점 2층 좁은 집도 셋이서 지낼 만했어요.

근처 교회에 허락을 받아 널따란 그곳 정원에서 산책도 할 수 있었고요.

하지만 크리스티앙은 하루가 다르게 몸집이 커졌고 힘도 세졌어요.

우리는 어른 사자가 되어 가는 이 장난꾸러기 녀석을 위해

뭔가 다른 일을 해야만 했어요.

일단 우리는 우리가 살던 건물 지하실 전체를

크리스티앙이 편히 지낼 수 있도록 꾸몄어요.

다행히 크리스티앙은 이곳을 좋아했죠. 하지만 잠깐뿐이었어요.

얼마 지나지 않아 크리스티앙은 심심하고 외로울 때마다

1층 가구점으로 올라와 어슬렁거리고 장난을 쳤어요.

당연히 손님들은 사자를 보고 기겁을 했지요.

또 한 가지 문제가 더 생겼는데요,

교회에서도 밤에만 산책을 와 달라고 우리에게 부탁을 한 거예요.

사람들이 무서워한다고요.

"우리와 같이 사는 건 크리스티앙에게 좋은 일이 아니야.

우리가 아무리 저 녀석을 사랑한다 해도 말이야."

우리는 고민 끝에 크리스티앙을 아프리카 초원으로 보내기로 했어요.

마땅히 했어야 할 일을 드디어 하게 된 거예요.

여러 사람이 큰 도움을 주었답니다.

덕분에 우리도 크리스티앙이 야생의 삶에 적응하는 과정을 직접 보고 돌아왔어요.

하지만 날이 가면 갈수록 크리스티앙이 그리워 견딜 수가 없었어요.

버티고 버티다 거의 1년이 다 되어 가는 어느 날 우리는 이런 결정을 했죠.

"크리스티앙을 만나러 가자!"

사람들은 우리를 뜯어말렸어요.

"제정신이니? 크리스티앙은 사자야. 맹수라고.

멍청한 짐승이 아직도 너희를 기억할 것 같아?

보자마자 한입에 삼켜 버리고 말 거다!"

"……."

사실 우리도 고민이 없었던 건 아니에요. 하고 또 하고 정말 많이 했어요.

그래도 결국은 크리스티앙을 만나러 아프리카로 떠났답니다.

거기서 어떤 일이 벌어졌을 것 같나요?

우리가 아프리카 초원에 서 있을 때

저 멀리서 위풍당당한 사자가 우리를 향해 우다다 달려왔어요.

커다란 두 앞발을 번쩍 들어 우리를 덥석 안았죠.

우리 셋은 서로 얼싸안고 얼굴을 비벼 댔어요.

대부분의 사람들은 잘 알아보지도 않고 자기 마음대로 생각한답니다.

짐승에겐 본능만 있지 무슨 생각이 있겠냐고 쉽게 말하죠.

하지만 보세요.

우리 크리스티앙의 우정과 의리와 믿음을요!

'말도 안 돼. 그럼 서커스 동물은 왜 조련사를 공격해?'라고 따질 분도 있겠죠?

저는 자신 있게 대답할 수 있어요.

그건 훈련시킨답시고 동물에게 고통을 주기 때문이라고요.

시키는 대로 안 하면 때리고, 쉴 땐 항상 좁은 우리에서 옴짝달싹 못 하게 하죠.

먹을 것도 싱싱하고 좋은 걸로 주지 않아요.

이건 분명한 학대예요. 학대를 하니 공격을 당하죠.

살아 있는 동물은 모두 사랑을 주고받을 줄 안답니다.

사람인 동물도, 사람이 아닌 동물도 그 마음은 모두 똑같아요.

2

우리는 서로서로
아끼고 보호해

- 62마리의 생쥐
- 이럴 줄 몰랐지?
- 롭 하웨스의 편지

62마리의 생쥐

산에서 내려온 한 사람이 프리슈 아저씨를 찾아왔어.
"숲에서 올빼미를 발견했어요.
그냥 두고 오면 죽을 것 같아 데려왔는데 맡아 주실 거죠?"
"그럼요, 그럼요. 아이고, 어린 아기네요. 가여워라."
프리슈 아저씨가 작은 새를 조심스럽게 받아 들었어.
아저씨는 동물을 연구하는 과학자였어.
집이 숲 가장자리에 있어서 이런 일이 종종 생겼지.
마당에는 큼지막한 새장도 있었어.
아저씨는 아기 올빼미를 이 안에 넣어 주었어.
"당분간 안전하게 여기서 지내렴.
좀 더 크면 숲으로 돌려보내 주마.
가족이랑 친구랑 다시 모두 만나야지."

아, 그런데 어떡하지?
해가 지고 깜깜해지니까 아기 올빼미가 빽빽 울기 시작한 거야.
가여운 작은 새는 쉬지도 않고 울었지.
프리슈 아저씨는 마음이 안 좋았어.
하지만 어쩌겠어?
아기 새를 강아지처럼 안고 재울 수는 없잖아.

아침 일찍 아기 올빼미를 보러 나온 아저씨는 기겁을 했어.
"어이쿠, 저게 뭐야!"
큼지막한 새장 위로 죽은 쥐가 가득 덮여 있었던 거야.
어른 올빼미들이 아기 울음소리를 듣고서
배고플까 봐 밤새 하나씩 하나씩 놓고 간 거지.
하나, 둘, 셋, 넷…….
프리슈 아저씨가 세어 보니
세상에나, 생쥐는 무려 62마리나 됐어!

이럴 줄 몰랐지?

원숭이는
부모 없는 어린 원숭이를 입양해서
자기 자식과 똑같이 정성껏 키운다.

가면올빼미는
형제들끼리 먹을 것 갖고
욕심내고 싸우지 않는다.
부모가 급히 먹이를 던져 주고 가면
맏이가 형제들에게
골고루 나누어 준다.

나이팅게일은
살기 좋은 곳을 찾으면
밤새 쉬지도 않고 노래를 불러
이웃들에게 알려 준다.

"아직 살 곳을 못 찾은 이웃님들. 여기로 오세요. 여기 정말 괜찮네요. 먹을 것도 많아요~"

박쥐는
서로를 좋아해서
다닥다닥 붙어 지내도 문제가 없다.
다치거나, 임신을 하거나 새끼를 안고 있어
먹이 사냥을 할 수 없는 이웃을 위해
기꺼이 먹이를 물어와 입에 넣어 준다.

범고래는
먹이를 잡을 수 없을 만큼 몸이 불편한 다른 범고래를 발견하면
당연하다는 듯 자기 무리에 끼워 준다.
먹을 것을 주며 돌보려고 그런다.

바다오리는

새끼일 때 벼랑 아래로 추락하거나
도둑갈매기에게 잡아먹히기도 한다.
새끼를 잃은 어른 바다오리들은 먹이를 잡아
이웃 아기들에게 나눠 준다.

황제펭귄은

엄청나게 추운 날씨를 버티기 위해
추운 겨울밤마다 모두 모여 다닥다닥 붙어 잔다.
안쪽에서 잔 펭귄들은 다들 몸이 따뜻한데
맨 가장자리에서 이웃을 감싸 준 황제펭귄의 등에선
아침마다 서리가 하얗게 맺혀 있는 걸 볼 수 있다.

큰까마귀는

싸움에 져 속상한 친구를 보았을 때
가만히 다가가 위로한다.
엉망이 된 친구의 깃털을
부리로 가만히 쓰다듬어 주기도 한다.
작은 싸움보다는 큰 싸움이 있을 때
더 자주 그런다.

사자는
자기 새끼만 오냐오냐 챙겨 키우지 않는다.
암컷들은 다른 모든 아기 사자들에게 골고루 젖을 주며 함께 돌본다.
수컷도 마찬가지이다. 같은 무리의 아기 사자들 모두와 함께 놀아 준다.

특히나 두세 살 정도의 수사자들은 6~7마리쯤 또래 모임을 만든다.
친척이건 아니건 상관없이, 함께 고향을 떠나 3년쯤 방랑 생활을 하며 인생 공부를 한다.
누구 하나 대장 노릇을 하려 들지 않는다. 누굴 따돌리는 법도 없다.
다 같이 똘똘 뭉쳐 위험을 헤쳐 나간다.

롭 하웨스의 편지

안녕하세요?

저는 강이나 바다에서 위험에 빠진 사람을 구조하고 있어요.

제가 하는 일을 보면 알겠지만

저는 그 누구보다 바다를 잘 알고 있다고 자부하지요.

얼마 전에도 제 딸이랑 친구들과 함께

뉴질랜드 북섬의 바다에서 헤엄을 치며 한참을 놀았어요.

그런데 갑자기 6~7마리 정도 되는 돌고래들이 나타나

우리를 둥그렇게 둘러싸지 뭐예요?

돌고래들이 만든 원 밖으로 나가려고 하면

대장인 것 같은 돌고래가 나를 자꾸 안으로 밀어 넣었어요.

정말 이상했죠.

알고 보니, 세상에!

그건 바로 2미터도 넘는 백상아리 때문이었어요.

식인 상어 말이에요.

우리는 정신을 바짝 차리고 바닷가를 향해 헤엄치기 시작했어요.

돌고래들이 우리를 계속 둘러싸고 해변까지 따라오며 백상아리를 막아 줬죠.

알고 보니

뉴질랜드 뿐만 아니라 이집트, 멕시코, 인도네시아, 바하마…….

세계 바다 곳곳에서 위험에 빠진 사람들을

돌고래가 구해 준 일이 보통 많은 게 아니더라고요?

이런 도움을 받은 뒤에

잔인한 사람들로부터 돌고래를 구하는 데 앞장서게 된 사람도 있고요.

그러고 보면,

우리는 원래 서로서로 돕는 사이였을 거예요.

인간 아닌 동물도 동물, 인간도 동물.

사실 우리는 이 지구에서 더불어 함께 사는 이웃사촌 사이잖아요.

내 말이 맞지요?

3

우리는 스스로 열심히 배우고 연습해

- 오늘은 호두 까는 법을 배워 볼까?
- 이럴 줄 몰랐지?
- 파이크의 편지

오늘은 호두 까는 법을 배워 볼까?

여기가 어디게? 열대우림이야.
동물과 식물로 가득 찬 밀림, 그중에서도 아주 깊숙한 곳이지.
커다란 나무들이 쭉쭉 뻗어 있는 숲 저쪽에 엄마 침팬지랑 꼬마 침팬지가 있어.
엄마는 벌써 맛있는 호두를 배부르게 먹었단다. 호두까기 선수거든.
돌망치로 단단한 껍데기를 툭툭 깨서 고소한 알맹이만 잘도 꺼내 먹지.

"자, 엄마 하는 거 잘 봤지? 너도 해 봐."
엄마가 넓적한 돌 위에 호두와 돌망치를 놓아둬.
꼬마가 그걸로 엄마를 똑같이 따라 해 봐.
그런데 이게 뭐야. 호두가 왜 이렇게 말짱해?
"엄마, 나는 왜 잘 안 돼요? 엄마가 좀 해 주세요"
엄마는 눈만 끔뻑여. 절대 먼저 나서서 도와주는 법이 없지.
꼬마는 호두 한 알을 갖고 다시 씨름을 해.
돌망치를 얼마나 두드려 댔는지 기운이 호로록 다 빠져 버렸어.
"아, 엄마. 이제 더는 못 하겠어요. 진짜 더는 못 해요!"

그제야 엄마가 호두 까는 방법을 다시 보여 주지.
"자, 잘 봐. 돌망치로 여길 이렇게 내려치는 거야, 바로 여기.
호두는 단단해서 아무 데나 치면 힘만 들지 잘 안 깨진단다."
엄마는 꼬마가 잘 볼 수 있게
천천히, 천천히, 다시 가르쳐 주고 돌망치를 건네.
"다시 해 볼래?"

드디어 성공!
"호두가 깨졌다, 끽끽. 호두가 깨졌어, 끽끽."
"오, 잘하는데? 먹어 봐. 엄마가 깨 준 것보다 훨씬 맛있을걸?"
꼬마도 엄마도 신이 나서 자꾸 웃음이 나.
오늘 수업은 이만 끝.
하루 종일 연습을 열심히 했으니 이제는 좀 쉬어야겠다.

이럴 줄 몰랐지?

모든 동물은 공부를 해요.
어른이 되었을 때 혼자 힘으로 잘 살 수 있도록 엄마, 아빠로부터
다양한 것들을 배워요.

비버는 자라는 동안
어른 비버를 보고 먹이를 사냥하는 법,
나무를 잘라 둑을 만드는 법을 배운다.
새끼를 따뜻하게 품어 주고,
깨끗하게 씻기고, 먹이를 먹이고,
두 팔로 안고 걸어 다니면서
아기 비버를 돌보는 법도 배운다.

하늘다람쥐는 나무 높은 곳에 살고 그곳에서 아기를 낳는다.
아기들이 자라면 엄마는 네 다리를 쫙 펴고
공중을 나는 모습을 여러 번 반복해서 보여 준다.
이걸 보고 아기 하늘다람쥐들이 용기를 낸다.
엄마가 했던 대로 네 다리를 쫙 펴고
용감하게 둥지에서 뛰어내려 공중을 난다.

어른 **미어캣**은 꼬마들에게 전갈 사냥법을 차근차근 가르친다.
옆에서 꼼꼼하게 지켜보면서
다음 단계로 넘어갈 딱 알맞은 시기를 결정한다.
처음엔 죽은 전갈을 주고 사냥 연습을 시킨다.
그다음엔 독침을 뺀 살아 있는 전갈을 주고 연습시킨다.
전갈은 독이 있어서 잘못 건드리면 위험하기 때문이다.

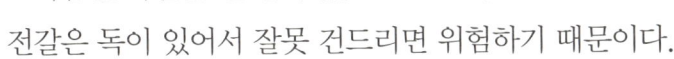

어린 **재갈매기**들은 어른 재갈매기들이 조개를 입에 물고
높이 날아올라 땅으로 툭 떨어뜨리는 걸 배운다.
이렇게 하면 딱딱한 조개껍데기를 쉽게 깨뜨려
속살을 냠냠 편하게 먹을 수 있기 때문이다.

코끼리는 긴 코로 작은 나뭇잎을 집을 수도 있고
큰 나무를 통째로 잡고 흔들어 뽑을 수도 있다.
코끼리가 이렇게 코를 자유자재로 쓸 수 있는 건
아기 때부터 어른들이 코를 쓰는 걸
눈여겨보고 배웠기 때문이다.

일본에 사는 어느 **까마귀**들도 조개를 깨뜨려 먹기에 딱 좋은 높이를 찾아냈다.
이 까마귀들은 연구 끝에 보통 3~8미터 공중에서 조개를 떨어뜨리기로 했다.
너무 높은 곳에서 조개를 떨어뜨리면 어디에 떨어졌는지 모를 수도 있고
조개가 아예 조각조각 박살이 날 수도 있기 때문이다.
조갯살에 깨진 껍데기가 붙어 있으면 물에 흔들어 씻어 먹기도 한다.

동물들은 스스로 연구도 해요.
이렇게 저렇게 해 보면서 가장 좋은 방법을 찾아내지요.

까치가 처음에 집을 지을 땐 철사나 옷걸이 같은 불편한 재료를 쓰기도 한다.
하지만 날이 갈수록 점점 더 좋은 재료를 가져다가 집을 짓는다.
무엇이 좋은 재료이고 무엇이 나쁜 재료인지 스스로 알아내기 때문이다.

어린 **휘파람새**들은 어른들의 노래를 귀담아듣는다.
여러 노래를 골고루 들은 다음, 스스로 더 나은 노래를 만들어 내려는 것이다.
마음에 드는 선생님을 콕 정해서 그 선생님의 노래를 따라 배우기도 한다.

꼬마 **청설모**는 개암나무의 열매를
어른들만큼 잘 먹을 수가 없다.
그래서 여기저기를 물어뜯으며 연구를 해서
결국 쉽게 껍질을 깔 수 있는 부분을 알아낸다.

문어는 머리가 좋기로 소문났다.
맛있는 먹이를 넣은 유리병을 주면 처음엔 유리병을 부수려고 한다.
그러다 골똘히 유리병을 살펴보다가
겨우 2분 만에 뚜껑을 열고 먹이를 꺼내 먹는다.
문어를 병에 가두고 뚜껑을 닫으면
스스로 뚜껑을 열고 밖으로 나오기도 한다.
누군가 자기를 귀찮게 하면
뭉친 진흙과 조개껍데기를 던져 쫓아 버릴 때도 있다.

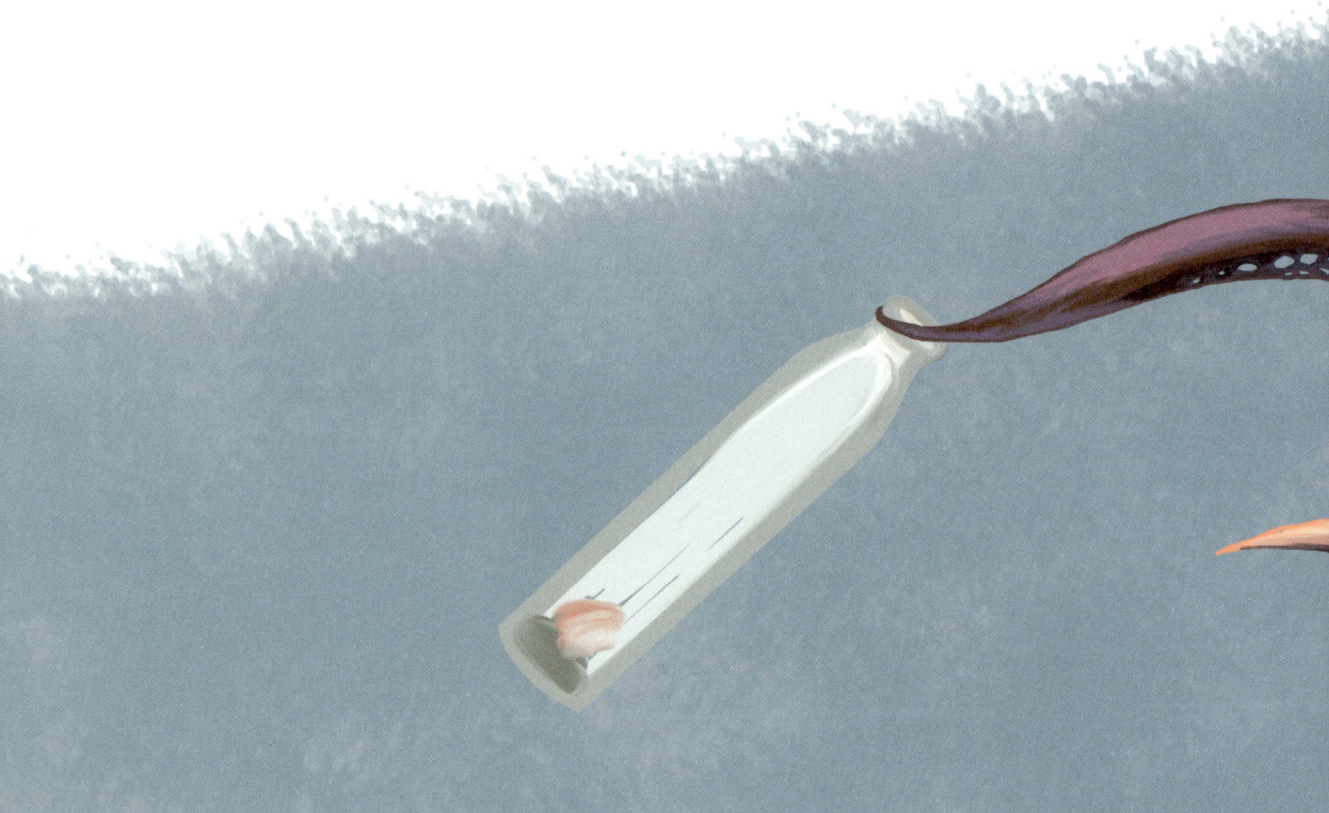

세상에 멍청한 동물은 하나도 없어요.

모두들 보고, 배우고, 더 나은 방법을 찾아내요.

한국의 **동물원**에 사는
코끼리 코식이는 오래 혼자 살았다.
외로웠던 코식이는 사람들하고라도
친하게 지내고 싶었다.
그래서
'안녕',
'좋아',
'싫어',
'앉아',
'누워' 같은 사람의 말을
유심히 귀담아듣고
저 혼자 익혔다.
사람들이
똑똑히 알아들을 수 있을 만큼
발음도 정확했다.

동물들은 몸이 아플 때 스스로 치료를 한다.

평소에는 눈길도 주지 않던 식물을 이용해 아픈 곳을 고친다.
무엇을 얼마나 먹으면 되는지는 부모나 친척, 이웃들에게서 배운다.
배가 아파 기생충을 없애려는 침팬지는 아스필리아 같은 식물을 먹고
겨울잠에서 깬 곰은 천궁 뿌리를 먹거나 몸에 문지른다.
흰개미는 독한 균에 감염되면 자기들이 스스로 만들어 낸 포름산과
나무에서 얻은 송진을 섞어 강력한 치료제를 만든다.

동물들은 몸이 아프기 전에 미리 예방도 한다.

임산부 아프리카코끼리는 좀 더 쉽고 안전하게 출산하기 위해
새끼가 나오기 며칠 전에 지치과 잎을 많이 먹는다.
과일박쥐는 주로 먹는 야생 과일 독으로 탈이 나기 전에
미리 미네랄이 풍부한 찰흙이나 물을 찾아 먹는다.
꼬리감는원숭이는 모기 같은 벌레에 물리기 싫어서
벌레가 싫어하는 과일 기름을 몸에 뿌리고 다 같이 서로 발라 준다.

꿀벌, 박새, 쥐, 참새, 앵무새, 고릴라, 나비, 까마귀, 양, 독수리, 원숭이······.
동물들은 모두 모두 자기에게 잘 맞는 치료법을 배우고 건강하게 산다.

파이크의 편지

안녕하세요?

저는 콜로라도에서 띠호박벌에 대해 연구를 한 박사예요.

띠호박벌들은 주로 들판이나 산의 야생 꽃들이 많이 피는 곳에 살지요.

이 꽃들의 꿀을 모아 땅속 굴에다 지은 벌집에 모아요.

나는 이 통통하고 털이 보송보송 나 있는 귀여운 벌들을 관찰하다가

아주 놀라운 사실을 알아냈어요.

글쎄 이 띠호박벌들이 꽃에서 꿀을 딸 때 꽤 영리한 행동을 하더라고요.

이미 꿀을 빤 꽃에는 다시 가지를 않는 거예요.

여기엔 꿀이 없으니까 허탕을 치지 않으려고 그러는 거지요.

사실 머리가 좋다고 하는 사람들도 뭔가를 이렇게 잘 외우기는 쉽지 않거든요.

그런데 이 띠호박벌들은 내가 관찰한 482번 중에 겨우 딱 4번만 실수를 했어요.

이건 시간과 노력을 많이 들이지 않고 꿀을 가장 많이 딸 수 있는 좋은 방법을

띠호박벌들 스스로 찾아냈다는 뜻이랍니다.

굉장하지요?

요 조그만 벌들이 어떻게 이럴 수가 있을까요?

저는 그 이유를 두 가지로 생각해 보았어요.

하나는 '이미 꿀을 빤 꽃을 외워 둔다.'

긴 시간은 아니더라도 꿀을 따고 있는 어느 정도의 시간 동안은

자기가 어느 꽃의 꿀을 땄는지 거의 완벽하게 기억을 하는 거지요.

나머지 하나는, '그 꽃에 특별한 냄새를 묻혀 둔다.'

자기들만 아는 어떤 특별한 냄새를 꽃에 묻히면

그 근처 꽃들을 살피다가 이 냄새가 나는 꽃을 구별해 낼 수 있겠지요.

둘 중에 무엇이 정답인지, 어쩌면 둘 다 정답인지 솔직히 지금은 모르겠어요.

하지만 이 문제의 정답보다 더 중요한 것이 분명히 있죠.

띠호박벌들이 헛고생을 하지 않을 좋은 방법을 스스로 알아냈다는 거요.

일을 좀 더 쉽고 빠르게 하려는 마음은 인간이나 띠호박벌이나 마찬가지고요.

그러기 위해서 좋은 방법을 찾아내거나 만들어 내는 것도

보다시피 인간이나 띠호박벌이나 마찬가지예요.

그러니 함부로 채집망을 휘두르며 곤충을 잡는 짓은 이제 그만두세요.

곤충은 하찮은 것이라고 누가 감히 말할 수 있을까요?

우리도 우리끼리 중요한 대화를 나눠

- 병아리가 쫑알쫑알
- 이럴 줄 몰랐지?
- 앨런의 편지
- 페퍼버그의 편지

병아리가 쫑알쫑알

달걀 속에서 병아리들이 쫑알거려.
"엄마! 나 지금 거꾸로 서 있어요. 얼른 똑바로 세워 주세요."
"엄마, 나는 너무 추워요."
"와, 나는 너무 더운데. 헥, 헥."
엄마 닭이 껍질 속 아기들 얘기를 귀 기울여 듣고
요리조리 알을 굴려 주었어.

달걀 속 병아리들이 자기들끼리 또 쫑알거려.
"얘들아, 우리 언제 나갈래? 일주일만 더 있다 나갈까?"
"한 삼 일만 더 있다가 나가면 안 돼? 난 좀 갑갑해."
"엇, 난 아직 준비가 안 됐는데 어떡하지?"
"아, 그래? 그럼 일주일 있다 나가자."
"그래, 그러자. 딱 일주일만 더 있다가 나가자."
"오, 다행이다. 나도 빨리 준비할게. 조금만 기다려 줘."

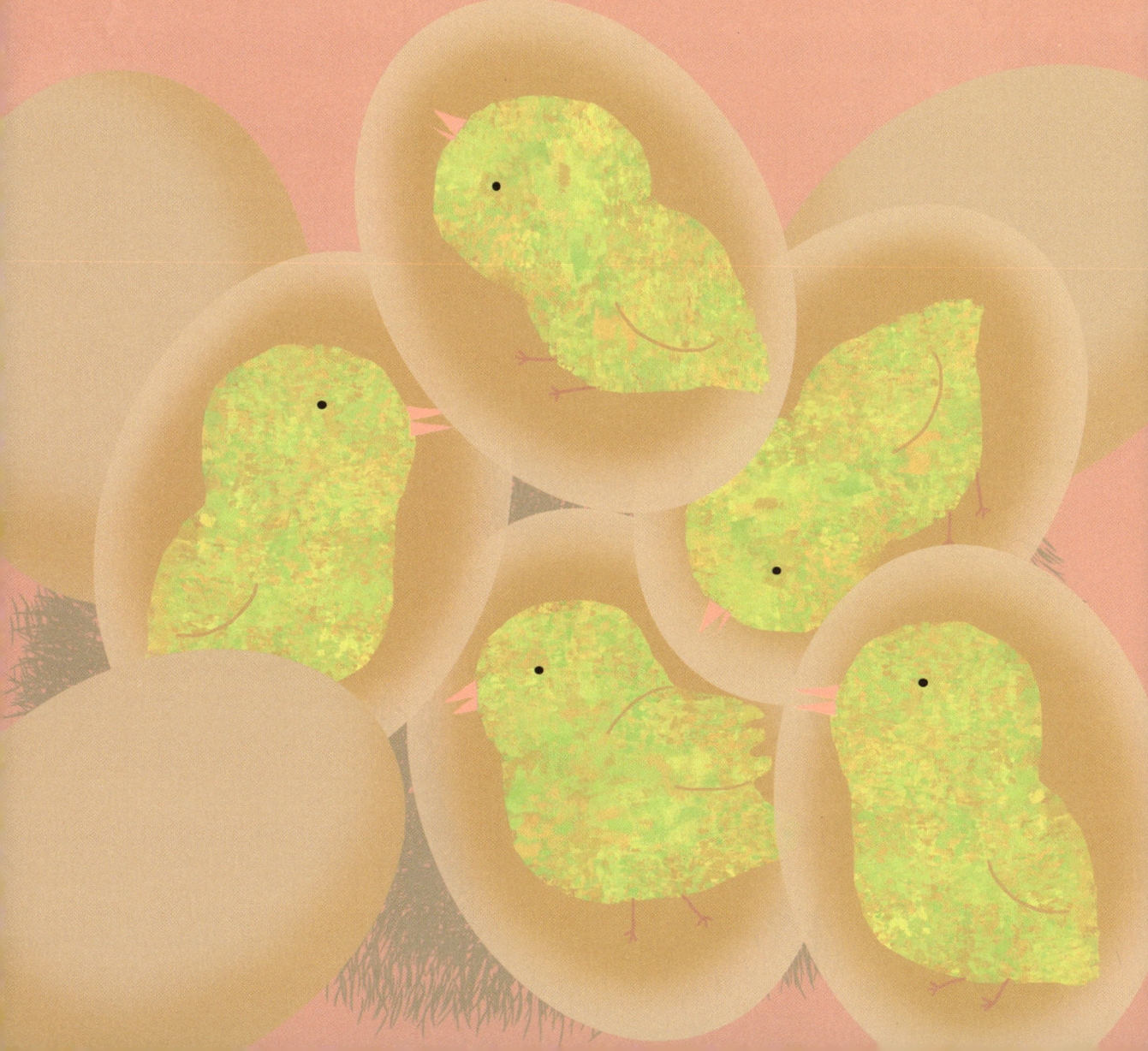

막내 달걀은 콩콩 심장이 빨리빨리 뛰면서 부지런히 자라기 시작했어.
그래야 약속한 날짜에 딱 맞춰 껍데기를 깨고 나가지.
"어머, 우리 아기들을 곧 보겠네."
엄마 닭은 조심조심 껍데기 속 병아리들을 살피고 돌봐.
병아리들이 알에서 나오기 이틀 전부턴 훨씬 더 조심하지.
알 속에 거꾸로 오래 서 있으면 껍데기를 간신히 깨고 나온다 해도 아주 위험하거든.

드디어 시간이 다 됐어!
"엄마, 우리 곧 나가요."
달걀 속에서 아기들이 엄마에게 말해.
"오호, 그래? 얼른 비켜 줘야겠네. 어서들 껍데기를 깨렴."
아가들이 알려 준 덕분에 엄마 닭은 이제 알을 품을 필요가 없다는 걸 알지.
톡톡, 찍, 뽀그작.
달걀 껍데기를 깨고 아가들이 나와.
"오, 세상에. 세상에서 가장 예쁜 병아리들이로구나!"

이럴 줄 몰랐지?

꿀벌들은 춤으로 말한다.
엉덩이를 흔드는 횟수,
각도 등을 달리한 다양한 춤으로
어디에 꿀이 있는지를 정확하게 설명한다.
벌이 시계 방향으로 한 바퀴,
시계 반대 방향으로 한 바퀴 돌면
벌집에서 100미터 안에 꿀이 있다는 뜻이다.
이보다 더 먼 곳에 꿀이 있으면
8자 모양으로 춤을 춘다.
꿀이 있는 곳이 멀면 멀수록
꿀벌의 춤은 느려진다.
같은 방법으로
어디쯤 적이 있는지 알려 주기도 한다.

돌고래도 서로서로 이름을 부른대요.
박쥐도, 앵무새도요.

까마귀는 서로서로 이름을 지어서 부른다.
새 박사님이 까마귀를 연구하다
이 놀라운 걸 발견했다.
글쎄, 까마귀들이 자기들끼리
서로 이름을 지어 주고
그 이름으로
서로가 서로를 부르는 것이었다!

사바나원숭이는 조심하라고 서로서로 알려 준다.
표범이 나타나면 헉헉헉헉,
숨넘어가는 소리로 모두에게 알린다.
그럼 모든 사바나원숭이들이 하던 걸 딱 멈추고
재빨리 나무 위로 몸을 피한다.

독수리가 나타나면 캑캑,
억지로 웃는 것 같은 소리로 모두에게 알린다.
그럼 모든 사바나원숭이들이 잽싸게 공중을 한번 올려다보고
얼른 나무 덤불 속으로 몸을 감춘다.

비단뱀이 나타나면 끽끽끽,
높은 소리로 모두에게 알린다.
그럼 모든 사바나원숭이들이 몸을 꼿꼿하게 세우고 두 다리로 서서
뱀을 찾느라 주변을 두리번거린다.

오소리는 자기가 누군지 말로 설명한다.

원래 오소리들은 자기들끼리 냄새로 대화하지만
굴 밖에서 오래 지내면 이 냄새가 희미해진다.
자칫하면 굴로 돌아갔을 때 쫓겨날 수가 있다.
오소리는 그래서 열여섯 가지의 말을 개발해 냈다.
으르렁, 캥캥, 웩웩.
이런 다양한 소리를 내어 자기가 친척임을 알려 준다.
가끔은 통곡하는 소리를 낼 때도 있다.
이것 역시 오소리들끼리 나누는 말일 뿐인데
사람들은 이 소리가 누가 죽는다는 예언이라며 두려워했다.

고래, 앵무새, 박새 같은 동물에게는 사투리도 있어요.
무리마다 서로 다른 말로 자기들끼리 대화를 나누죠.
이 사투리를 배워서 다른 무리와 이야기를 나누는 동물도 있답니다.

프레리독은 침입자에 대해 자세히 설명한다.
몸집이 작은 프레리독은 오백 마리 정도가 함께 모여 산다.
땅 밑에 굴을 파고 지내면서
서로 순서를 바꿔 가며 땅 위로 올라가 경비를 선다.
잘 지켜보다가 누군가가 나타나면 얼른 모두에게 알려 준다.
이 침입자가 누구고,
어떤 색깔이며,
몸집은 얼마나 큰지,
얼마나 빠른 속도로 다가오고 있는지,
어떤 도구를 들고 있는지 등등
프레리독은 아주 자세하게 설명할 수 있다.

앨런의 편지

안녕하세요. 저는 과학자 앨런이에요.

저는 저와 같은 믿음을 가진 동료 과학자 베아트리체와 함께

소녀 침팬지 와슈에 대해 연구했어요.

이때 얼마나 놀라운 일들이 많았는지!

도저히 말하지 않곤 배길 수가 없어 이렇게 편지를 씁니다.

뭐가 그렇게 놀라웠냐고요?

당연히 우리 와슈죠. 와슈는 정말 놀라운 침팬지였어요.

베아트리체와 내가 와슈에게 수화를 가르쳤거든요?

그랬더니 와슈가 그걸 곧잘 따라 배우는 거예요.

3년이 지났을 땐 무려 85개의 단어를 알게 될 정도였고요,

5년이 지났을 땐 무려 300개나 되는 단어를 자유롭게 썼어요.

덕분에 우리는 수화로 대화를 나눌 수가 있었답니다. 놀랍죠?

그런데 이게 다였다면 굳이 이렇게 수선을 피우지는 않았을 거예요.

우리 와슈는 누구도 상상하지 못했던 일을 하기 시작했어요.

자기가 아는 단어들을 이리저리 짜 맞춰 뜻이 딱딱 맞는 새 단어를 만들어 냈지요.

저와 베아트리체가 무슨 뜻인지 알아들을 수 있는 새로운 말을 창조해 낸 거예요.

자기 혼자서 자기 힘으로요!

- 물 위를 떠다니는 고니는 '물'이랑 '새'

- 라이터는 '금속'이랑 '뜨거운'

- 탄산수는 '들리다'랑 '음료'

이런 식으로요.

맙소사, 이 일을 아는 모두가 기절초풍을 했지요.

솔직히 와슈는 좀 특별한 침팬지긴 해요. 모든 침팬지가 다 와슈 같지는 않죠.

하지만 인간만이 언어를 만들고 사용한다는 생각은 와슈 덕에 와르르 무너졌어요.

지금까지 유명한 많은 박사님들이 말했어요.

인간만이 언어를 쓴다, 인간만이 도구를 만들어 쓴다,

이것은 인간만의 능력이다, 그래서 인간이 특별한 것이다, 인간은 위대하다.

여러 박사님들의 이런 말 때문에 수많은 사람이 정말로 그렇다고 믿게 됐어요.

하지만 보다시피 인간이 아닌 동물들도 도구와 언어를 만들고 사용한답니다.

인간만 특별한 게 아니에요.

지구 위 모든 생명은 다 특별해요.

페퍼버그의 편지

안녕하세요, 여러분.

저도 와슈랑 비슷한, 정말로 말하는 앵무새 이야기를 해 드리고 싶어요.

제 이름은 이렌느 페퍼버그이고 직업은 과학자예요.

지금부터 사람이 말하는 걸 흉내만 내는 게 아니라

정말로 '진짜 말'을 했던 앵무새, 우리 알렉스를 소개할게요.

나는 하버드 대학에서 앵무새의 지능에 대한 연구를 했어요.

원래는 화학을 공부하고 있었는데

어느 날 침팬지 와슈가 수화로 사람과 이야기를 나누는 장면을 보게 되었죠.

와, 그건 한마디로 공상 과학 영화 같았어요. 얼마나 깜짝 놀랐다고요!

나는 이 일로 큰 충격을 받아서 당장 화학 공부를 멈췄어요.

그리고 우리 앵무새 알렉스에게 사람의 단어를 가르치는 연구를 시작했어요.

사람들은 나를 비웃었어요.

멍청한 '새대가리'가 어떻게 사람의 말을 알겠냐며 손가락질했죠.

그래도 나는 연구를 멈추지 않았어요.

가난한 연구자라서 좋은 음식 대신 두부로 배를 채웠지만

우리 알렉스가 저에게 용기와 희망을 주며 연구를 계속하게 만들었어요.

무려 100개나 되는 인간의 단어를 익혔다고요!

더 나아가 우리 알렉스는 자기가 아는 단어들을 이렇게 저렇게 짜 맞춰
뜻이 딱 맞는 간단한 문장까지 만들어 냈답니다.
그것도 와슈처럼 혼자 힘으로 말이에요!

우리 알렉스의 놀라운 점은 이밖에도 많아요.
알렉스는 50개 정도의 사물을 구별할 수 있었어요.
숫자도 6까지 셀 수 있었고요, 색깔도 일곱 가지를 구별할 수 있었답니다.
이를테면, 몇 가지 색깔의 블록을 섞어 두고서 '초록색 블록이 몇 개야?'라고 물으면
'초록색 블록은 세 개야.' 이렇게 정확하게 대답을 할 수 있었던 거예요.
알렉스는 자신의 기분이 어떤지도 표현할 수 있었어요.
우리는 따뜻한 마음을 담아 밤마다 서로에게 인사를 했어요.
"내일 봐. 사랑해."
알렉스의 이 말에는, 사랑이 듬뿍 담겨 있다는 걸 나는 잘 알아요.

p.s 그런데 개도, 새도, 물고기와 곤충들도 수를 아주 잘 센다지 뭐예요?
많고 적음을 구별하는 것은 물론이고요!

5

우리도
우리를 위한
가장 좋은 결정을
내릴 수 있어

- 별난 사자
- 이럴 줄 몰랐지?
- 영국 기자의 편지

별난 사자

"얘들아, 우리 집에 귀여운 아기가 왔어."
웨스트보 부부가 큰 소리로 알렸어.
고양이, 너구리, 소와 말과 닭이 기웃기웃 새로 온 식구를 보러 왔단다.
와우……,
작아도 너무 작은 아기 사자였어.
부부는 이 아기에게 '리틀 타이크'라는 이름을 붙여 주었어.

리틀 타이크의 엄마는 원래 넓디넓은 땅에서
자유롭게 살던 사자였어.
그런데 하루아침에 사람들의 구경거리가 된 거야.
사람들이 마음대로 잡아다가 좁은 동물원에 가둬 버렸거든.
'여긴 사자가 살 만한 곳이 아니야.'
엄마 사자는 어마어마하게 화가 났고 엄청나게 슬펐어.
그래서 새끼를 낳을 때마다 모조리 물어 죽였단다.

리틀 타이크는 이런 위태로운 순간에 간신히 구조되었어.
목장에 와서도 피 냄새라면 진저리를 쳤지.
그러니 고기를 먹을 리 있나.
"사자들은 원래 고기를 먹고 사는데……."
"우리 타이크가 사자답게 커야 할 텐데……."
부부는 아기 사자가 약해지고 병에 걸릴까 봐 걱정이 됐어.
그래서 몰래 우유에 피를 몇 방울 섞어 보기도 했어.
하지만 그럼 뭘 해?
단박에 알아채고 휑하니 다른 데로 가 버리는걸.
리틀 타이크는 오직 소가 준 우유, 닭이 준 달걀
그리고 익힌 곡식만 냠냠 맛있게 먹었어.

이상하기 짝이 없는 이 사자는
하루하루도 아주 유별나게 보냈단다.
병아리를 핥아 주고, 당나귀와 산책하고,
고양이랑 양이랑 나란히 누워 쿨쿨 평화롭게 낮잠을 잤어.
사냥을 하는 대신 고무장화를 물어뜯으며 재밌어 했지.
당나귀가 뒷발로 뺑 차서 다쳤을 때도
화를 내며 싸우자고 덤벼들지 않더라?
사자가 얼마나 무서운지 옴팡지게 겁을 줄 수도 있었을 텐데.

게다가 리틀 타이크의 둘도 없는 단짝은
아주 조그만 고양이 핑키였단다.
리틀 타이크가 어렸을 때 크게 덴 적이 있었거든.
핑키는 상처를 핥아 주며 잠시도 친구 곁을 떠나지 않았어.
그런데 어느 날 누가 핑키를 훔쳐 갔지 뭐야.
슬픔에 빠진 타이크는 몇 달 동안이나 엉엉 울었어.

이 일만 빼면……,

목장 생활은 타이크의 마음에 쏙 들었어.
그중에서도 가장 좋아하는 건 노래 부르기!
누군가 피아노를 치면 기다렸다는 듯이 목청을 돋웠지.
우엉, 으르렁, 우왕, 우와아아아앙.
모두들 귀를 틀어막으며 까르르 웃어 댔어.
"야, 우리 타이크 목소리 엄청나다!
이러다 집이 무너지겠어!"

이럴 줄 몰랐지?

나는 알프스 산양

우리 산양들은 가끔씩 서로 힘을 겨룬다.
높고 가파른 산에 살기 때문에
우리들의 싸움은 위험하다.
누구든 벼랑에서 떨어져 죽으면 안 되니까
덤벼들기 전에 생각부터 먼저 한다.
'저 녀석이 자리를 잡을 때까지 기다리자.'
이런 생각.

사람들은 우리가 바보인 줄 알아요.
아무 생각 없이 먹고 자고 싸는 게 다인 줄 알죠.

하지만 우리는 그렇지 않아요.
지금 이 순간 무엇이 최선일까를 생각하고
언제나 가장 지혜로운 결정을 내려요.

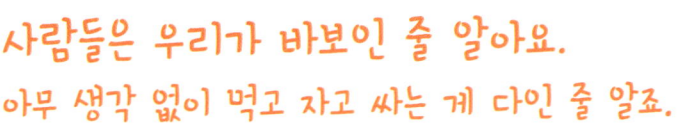

나는 **피라니아**

피라니아의 무기는 뭐니 뭐니 해도 날카로운 이빨!
살짝 스치기만 해도 무엇이든 쓱 베이고 만다.
그래서 우리끼리 싸울 땐 조심조심,
이빨은 쓰지 않고 꼬리로만 서로를 툭툭 친다.

흡혈박쥐

어라, 우리도 그러는데!
우리 이빨도 칼처럼 날카로워.
우리도 싸울 때는 날개로 서로 때리기만 해.

우리도 날카로운 발톱을 조심해.
서로 상대의 발을 단단히 붙잡고 날개로만 때려.
까마귀들도 그러더라?

까치

나는 **코모도왕도마뱀**

우리가 사냥을 나섰다 하면
모두들 벌벌 떨며 휑하니 도망을 친다.
우리는 턱 힘이 어마어마하기 때문이다.
그래서 우리끼리 싸울 때는 서로를 물어뜯지 않는다.
앞발을 번쩍 들고 힘으로만 겨룬다.

우리는 강력한 전기를 만들어 내거든?
그래서 우리끼리 싸울 땐
쬐끔, 아주 쬐끔만 찌릿하게 해.

전기뱀장어

87

영국 기자의 편지

신문에 끔찍하고 슬픈 기사를 실어 죄송합니다.

제 글을 읽고 얼마나 마음이 괴로우셨겠어요.

하지만 저는 이 얘기를 널리 퍼뜨려야만 한다고 생각해요.

더 많은 사람들이 알아야만 하는 사실이니까요.

그러니 이 편지도 꼭 읽어 주세요.

어느 날 나는 중국의 시골 농장에서 일어난 충격적인 일을 알게 되었어요.

곰을 잡아다 가둬 놓은 곳에서 벌어진 사건이었죠.

곰들은 원래 수십 킬로미터를 이리저리 돌아다니며 자유롭게 사는 동물이에요.

그게 바로 곰들의 삶이지요.

이 농장 곰들은 어땠을까요?

수십 킬로미터는커녕 걸음을 걸을 수도 없을 만큼 좁아터진 철창에 갇혀 살았어요.

곰들은 이것만으로도 견딜 수 없이 고통스러웠을 거예요, 충분히.

그런데 이게 다가 아니었어요.

이 농장에서 일하는 사람들은

곰들의 멀쩡한 살을 일부러 칼로 째서 구멍을 냈어요.

그리고 여기에 기다란 관을 빨대처럼 찔러 넣어 몸속 깊숙이 박았지요.

마치 팩에 든 주스처럼

사람들이 이 관을 통해 쓸개즙을 바로 빨아 먹을 수 있게 말이에요.

여기저기에서 사람들이 계속 이 농장을 찾아왔어요.

살아 있는 곰의 쓸개즙을 먹고 더 건강해지겠다고요.

곰들이 아프다고 몸부림을 쳐도 히죽히죽 웃으며 자기들 욕심만 채웠어요.

잔인하기 짝이 없는 이런 일들이 날마다 계속되었지요.

이게 바로 이 농장 곰들의 삶이었어요.

그리고 얼마 전엔 이곳 농장의 조그만 아기 곰에게도

사람들이 아무렇지도 않게 상처를 내고 깊은 구멍을 냈답니다.

아기 곰은 너무 아파서 비명을 지르며 울어 댔어요.

그때였어요.

어미 곰이 무시무시한 힘으로 갇혀 있던 철창을 부쉈어요.

정신없이 뛰쳐나와 아기에게로 달려갔지요.

엄마 곰은 온몸으로 치고 밀고 들이받으면서 있는 힘을 다해

아기가 갇힌 철창을 부수려고 했어요.

하지만 이건 새로 만든 거라 너무 튼튼했어요.

얼마 지나지 않아 이 철장이 꿈쩍도 안 할 거라는 걸 엄마 곰은 깨달았죠.

그래서 두 팔을 안으로 쑥 넣어 아기 곰을 껴안았답니다.

기를 쓰고 힘을 줬어요. 아기 곰이 숨을 쉴 수 없을 만큼요.

결국 아기 곰은 엄마 품 안에서 무지개다리를 건너고 말았어요.

엄마 곰은 바닥에 쓰러진 아기 곰을 내려다보았어요.

조그만 털북숭이가 더 이상 숨을 쉬지 않는 것을 확인했지요.

그러고는 단단한 벽에다가 자기 머리를 쿵쿵 박아 대더니

곧 아기 곰을 따라 멀리 하늘나라로 떠나갔답니다.

이렇게 안타깝고 애처로운 이야기가 또 어디 있을까요?

날마다 편안하고 즐겁고 행복하지는 않대도

비참하게 살지는 않을 좋은 방법이 이 농장 곰들에게 있기는 했을까요?

쓸개즙을 먹는다고 오래 살지 않는답니다.

사람들에겐 이미 좋은 약과 영양제도 많잖아요.

그런데 도대체 왜 이런 잔인한 짓까지 하는 걸까요?

지구 위에서 가장 똑똑하다고 으스대면서

어떻게 이렇게 한심하고 나쁜 짓을 저지를 수가 있느냐고요.

나는 내가 인간이라는 것이 창피해서 견딜 수가 없어요.

지구에 인간만 없었어도 이런 추악한 일은 절대 일어나지 않았겠지요.

옳고 그름을 따지는 일은 사람들 사이에서만 중요한 게 아니에요.

인간이 자신의 떳떳한 일과 부끄러운 짓을 구별하는 것만으로도,

이 지구가 지금보다는 훨씬 더 평화로워질 거라고 저는 생각합니다.

우리는 편리하게 쓰려고 도구를 만들어

- 오늘의 요리
- 이럴 줄 몰랐지?
- 커 박사의 편지

오늘의 요리

자, 준비됐으면 시작해 볼까?
오늘 점심 메뉴는 흰개미 요리.
흰개미 요리는 언제 먹어도 맛나지.
이 근사한 요리를 위해서는
일단 나뭇가지가 하나 있어야 해.
나뭇가지가 없다? 아무리 봐도 없다?
그럼 질긴 풀줄기도 나름 괜찮아.
이걸 한 30cm 정도로 잘라서
이제 흰개미 언덕으로 가는 거야.

자, 그리고 여기서부터가 중요한데,
일단 손끝에, 있는 힘껏 옴팡지게 힘을 줘야 해.
요 손가락으로
흰개미들이 드나드는 작은 구멍을 후벼 팔 거거든.
그럼 구멍이 좀 커질 거 아니야?
여기에 나뭇가지 낚싯대 아니면
풀줄기 낚싯대를 쑥 밀어 넣는 거야!

이러고 잠깐만 기다리면
우리가 만든 낚싯대를 흰개미들이 꽉 물 거거든?
그 순간 낚싯대를 재빨리 쑥 뽑는 거야.
이렇게 하면
낚싯대에 딸려 나온 흰개미들이 바닥으로 우수수 떨어지지.
요걸 기분 좋게 핥아 먹으면 끝!
어때, 오늘의 요리. 참 쉽지?

아, 내친김에 다른 요리 하나 더 알려 줄까?

살다 보면 아프리카병정개미를 먹고 싶을 때도 있잖아.
이럴 땐 낚싯대를 한 70cm 정도로
아까보다는 좀 더 길게 만들기만 하면 돼.
이 개미들은 구멍을 깊게 파거든.
그다음은 거의 비슷해.
이 기다란 낚싯대로 개미집을 쑤셔 대면
'아니, 이게 무슨 일이야?' 하고 아프리카병정개미들이 타고 올라올 거거든?
이때 아까처럼 낚싯대를 훅 잡아 빼는 거야.
그리고 바닥으로 두두두 떨어진 개미들을
얼른 손으로 쓸어 담아 먹으면 끝!
어때, 이 요리도 참 쉽지?

이럴 줄 몰랐지?

우리는 세네갈에 사는 침팬지들이야.
우리가 이럴 줄은 정말 몰랐을걸?

땅에 단단히 박힌 뿌리를 팔 때
남들은 뿌리가 얼마나 달콤쌉싸름하고 맛있는지 잘 모른다.
아~, 포기할 수 없는 그 맛!
손가락 아프니까 꼭 막대기로 파내길.

귀가 가려울 때
새들의 깃털 촉으로 귀를 속속 후비면~
어우, 시원해라!

이빨에 뭐가 꼈을 때
아카시아 나무에서 긴 가시 하나만 따 오면 된다.
세상에 이만한 이쑤시개가 없다.

코를 풀고 싶을 때
콧구멍에 풀줄기를 넣어 살살 간질이면 에이취!
재채기가 아주 시원하게 나온다.

뭘 닦아야 할 땐
커다란 나뭇잎을 쓰면 된다.
배가 부글거려서 XX할 때, 특히 더 유용하다.

그런데 말이야,
우리보다 보노보들이 도구를 더 멋지게 잘 쓰던데?

우리는 보노보, 난쟁이침팬지야.
멀리 있는 이웃에게 신호를 보낼 때
우리는 깃발을 만들어 흔들어.

> ❖ 만드는 방법
> 1. 나뭇가지를 2m나 되게 기다랗게 꺾은 다음에
> 2. 맨 끝에 단 하나만 남겨 두고 나뭇잎을 다 잘라 버린다.

보노보는 이걸 휙휙 휘둘러서 신호를 보낸다.
아침에 깃발을 흔들면
　"아침이다, 모두 일어나라!" 이런 뜻.
점심 먹고 휴식 시간을 보낸 뒤에 깃발을 흔들면
　"자, 이제 쉴 만큼 쉬었지? 다음 일을 시작하자!" 이런 뜻.
모두 함께 어디론가 가다가 잘 못 따라오는 보노보에게 깃발을 흔들면
　"빨리 따라붙어. 안 그럼 그냥 우리끼리 간다." 이런 뜻.

그런데 말이야.
바다에도 희한한 도구를 만들어 쓰는 동물들이 살더라?

병코돌고래는 바다 밑바닥을 뒤지면서 먹이를 찾는다.
이럴 때 미리 해면을 찾아 긴 주둥이에 끼운다.
해면은 탱글하고 보드라운 바다 속 동물이라서
이걸 끼면 바위에 긁혀도 주둥이에 상처가 안 난다.
이 좋은 방법을 어린 돌고래들에게 가르쳐 주는 것도 잊지 않는다.

어떤 **바닷게**들은
바닷가 바위에 붙은 말미잘을 조심조심 떼어
집게발에 하나씩 붙이고 다닌다.
적이 나타나면 말미잘이 붙어 있는 집게발을 척!
갖다 대려고 그런다.
말미잘에는 독이 있기 때문에
이걸로 겁을 줘 적을 쫓아내려는 것이다.
껍데기에 말미잘을 붙이는 **소라게**도 있다.

해달은
바다 밑에서 편평한 돌판을 골라다가 도마처럼 쓴다.
누운 채로 물 위에 둥둥 몸을 띄운 다음
배 위에 돌판을 얹고
그 위에 조개나 성게처럼 딱딱한 먹이를 올린 뒤
꽉 쥔 돌멩이로 깨뜨려 먹는다.
이 돌멩이도 잘 골라 자기만 따로 쓴다.

문어는 바닷게랑 해달이 하는 걸 둘 다 한다.
독이 있는 해파리 촉수를 꽉 잡고 휘둘러 적들을 쫓아내고
돌멩이를 꽉 잡고 두드려 딱딱한 조개껍데기를 깬다.

어, 우리도 돌을 이용하는데?

철새까마귀는 새끼들이 있는 둥지로 누가 가까이 오면
땅에서 돌멩이를 찾아 물고 날아오른다.
침입자를 겨냥해 뚝 떨어뜨리려는 거다.

타조알은 두껍고 단단해서 웬만해선 잘 깨지지 않는다.
그래서 **이집트독수리**는 타조알을 먹을 때
돌을 물고 내리쳐서 구멍을 낸다.

북극곰은 사냥을 할 때
단단한 얼음덩이를 사용한다.
제법 큰 걸로 골라서 힘껏 던지기 때문에
정통으로 맞으면 정신을 잃고
기절까지 한다.

우리도 얘기 좀 하면 안 돼?
우리도 도구를 멋지게 사용할 줄 안다고.

딱따구리핀치랑 **맹그로브핀치**는
배가 고파지면 선인장 가시를 하나 입에 물고 나무껍질을 뒤적인다.
애벌레를 발견하면 포크처럼 콕 찍어 먹으려고 그런다.

디놉시스거미는

거미줄에 먹잇감이 걸려들길 마냥 기다리지 않는다.
미리 잘 만들어 둔 거미줄을 앞다리로 들고 있다가
먹잇감이 지나가면 훅 던져 사냥을 한다.

가시개미는

달콤한 과일즙을 한번에 잔뜩 옮기고 싶을 때
일단 넓적한 나뭇잎부터 하나 구해 온다.
여기다 과일즙을 충분히 적셔서 가져가면
여러 번 왔다 갔다 하지 않아도 되니까 진짜 편하다.

이럴 줄 알았어! 역시 인간만 도구를 만들어 쓰는 게 아니었어!

커 박사의 편지

안녕하세요. 저는 브라질의 과학자랍니다. 진짜 과학자 맞아요. 정말이에요.

저는 지금 제가 저지른 바보 같은 연구에 대해 고백하려고 이 편지를 쓰고 있습니다.

하지만 세상에 도움이 되는 일을 하고 싶었을 뿐이라는 것은 믿어 주세요.

아, 지금부터 자세하게 설명을 해 드릴게요.

따뜻한 곳에 사는 벌들의 특징을 아시나요?

이런 곳에 사는 벌들은 열심히 꿀을 따러 다니지 않아요.

부지런히 일할 필요가 없거든요.

따뜻한 지역에는 일 년 내내 꽃이 늘 그득하니

필요할 때마다 조금씩 일하며 느긋하고 편하게 사는 거예요.

아등바등 살 필요가 없으니 성질도 순하지요.

다른 벌들과 싸움도 하지 않고 평화롭게 지내요.

반대로 추운 곳에 사는 벌들은 엄청나게 일을 열심히 한답니다.

꽃이 충분히 피지를 않으니 꽃이 폈을 때 얼른 많은 꿀을 따 둬야 하니까요.

때로는 다른 벌들의 벌집을 공격해서 모아 놓은 꿀을 훔치기도 해요.

그러다 보니 성질이 고약해질 수밖에요.

기껏 모은 꿀을 빼앗기지 않기 위해서라도 싸움을 잘해야만 하죠.

벌들이 어떤 환경에 사느냐에 따라 이렇게 다르다는 것은

저에게 기발한 아이디어를 떠올리게 했어요.

"오호, 이 두 종류의 벌을 결혼시키면

일은 아주 열심히 하면서도 성질은 착한 벌을 만들 수도 있겠구나!"

지구가 이런 벌로 가득 찬다고 생각해 보세요. 얼마나 좋아요?

꿀이 넘치게 많아질 테니 인간은 아주 싼값에 꿀을 사서 마음껏 먹을 수 있죠.

꿀은 몸에 좋은 천연 음식이잖아요.

이런 음식을 싸게 먹는다는 것은 얼마나 좋은 일인가요?

나는 망설일 이유가 하나도 없었어요.

브라질 상파울루 근처 내 연구소에서

아프리카 여왕벌과 유럽벌을 결혼시키는 위대한 실험을 당장 시작했어요.

한 일 년쯤,

나는 인류를 위한 이 위대한 일에 온 힘을 기울였답니다.

그런데 아이쿠!

내 실험을 돕던 사람이 제대로 관리를 못 한 틈을 타서

아프리카 여왕벌 26마리가 우리 연구소를 탈출하고 말았어요.

유럽벌들도 이 여왕벌들을 따라 탈출해서

브라질 여기저기에 벌집을 짓는 일이 벌어지고 말았고요.

여왕벌들은 알을 낳고 또 낳고

브라질을 넘어 아메리카 대륙 전체에 자식을 퍼뜨렸어요.

꿀을 모으는 데는 게으르고 성질은 몹시 사나운 아기 벌들을요.

덕분에 나는 완전히 바보 신세가 되고 말았답니다.

너무 창피했어요. 체면이 말이 아니었지요.

그런데 창피한 건 둘째 치고, 더 큰 문제가 도사리고 있었답니다.

몹시 게으르고 몹시 성질이 고약한 이 벌들이

시시때때로 사람들을 공격했기 때문이에요.

많은 사람이 이 벌들에게 쏘여 목숨을 잃고 말았어요.

나 때문에 생겨난 이 벌들에게 '살인벌'이라는 별명까지 붙을 정도였으니…….

더 말해 뭐 해요.

하……,

나는 내가 이 세상에 위대한 일을 해내고야 말 거라고 굳게 믿었어요.

한 번도 의심한 적이 없어요.

하지만 이젠 안답니다. 내가 얼마나 교만했는지를 말이에요.

이 지구 위의 생명을 내 마음대로 만들어 낼 수 있다고 믿었다니!

마치 완벽한 신이라도 된 듯 굴었던 거예요.

지금은 나의 어리석음을 후회합니다.

진심이에요. 정말 죄송해요.

저는 요즘 저 때문에 생겨난 살인벌 괴물들의 집을 없애며

깊은 후회와 반성의 삶을 살고 있답니다.

앞으로도 쭉 이렇게 살 거예요.

그러니 부디 나를 용서해 주길 바랍니다.

살인벌에 쏘여 돌아가신 모든 분의 명복을 빕니다.

7

우리는 삶의 가치가 뭔지 잘 알아

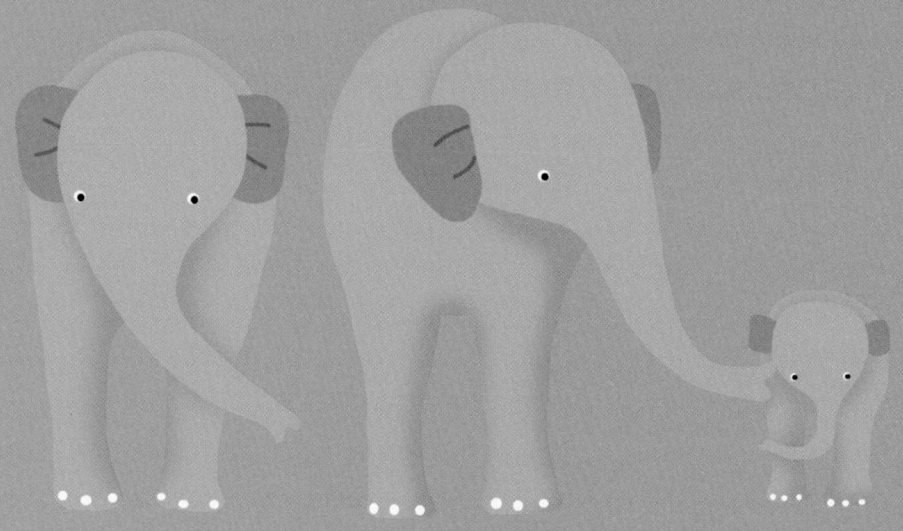

- 대장님, 우리 대장님
- 이럴 줄 몰랐지?
- 마르클의 편지
- 클링겔의 편지

대장님, 우리 대장님

우리 대장님은 멋져. 얼마나 대단한지 몰라.
코만 쭉 뻗어 올리면 어디에 사냥꾼이 숨어 있는지,
어디서 배고픈 사자 떼가 어슬렁거리는지
다 알아내시지. 몽땅!
한 번도 틀린 적이 없어.
어떻게 그렇게 척척 다 알아내실까?

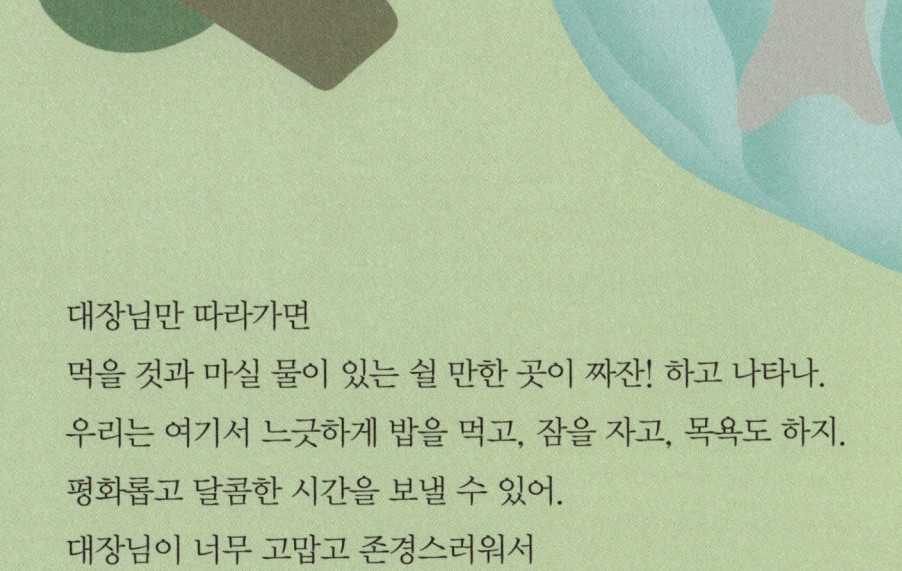

대장님만 따라가면
먹을 것과 마실 물이 있는 쉴 만한 곳이 짜잔! 하고 나타나.
우리는 여기서 느긋하게 밥을 먹고, 잠을 자고, 목욕도 하지.
평화롭고 달콤한 시간을 보낼 수 있어.
대장님이 너무 고맙고 존경스러워서
우리는 가장 맛있는 나뭇잎은 무조건 대장님께 먼저 가져다드려.

이 훌륭한 대장님은 바로바로 우리 외할머니야.
코끼리들은 원래 엄마랑 이모랑 사촌들이랑 무리를 지어 함께 살거든.
외할머니는 나이가 아주 많아서 기운이 별로 없으셔.
얼마 전부턴 두 눈도 안 보이시지.
누군가 옆에 바짝 붙어 서서
"오, 저 앞에 바위가 있어요. 조심하세요."
이렇게 알려 드려야 해. 언제나 어디서나.

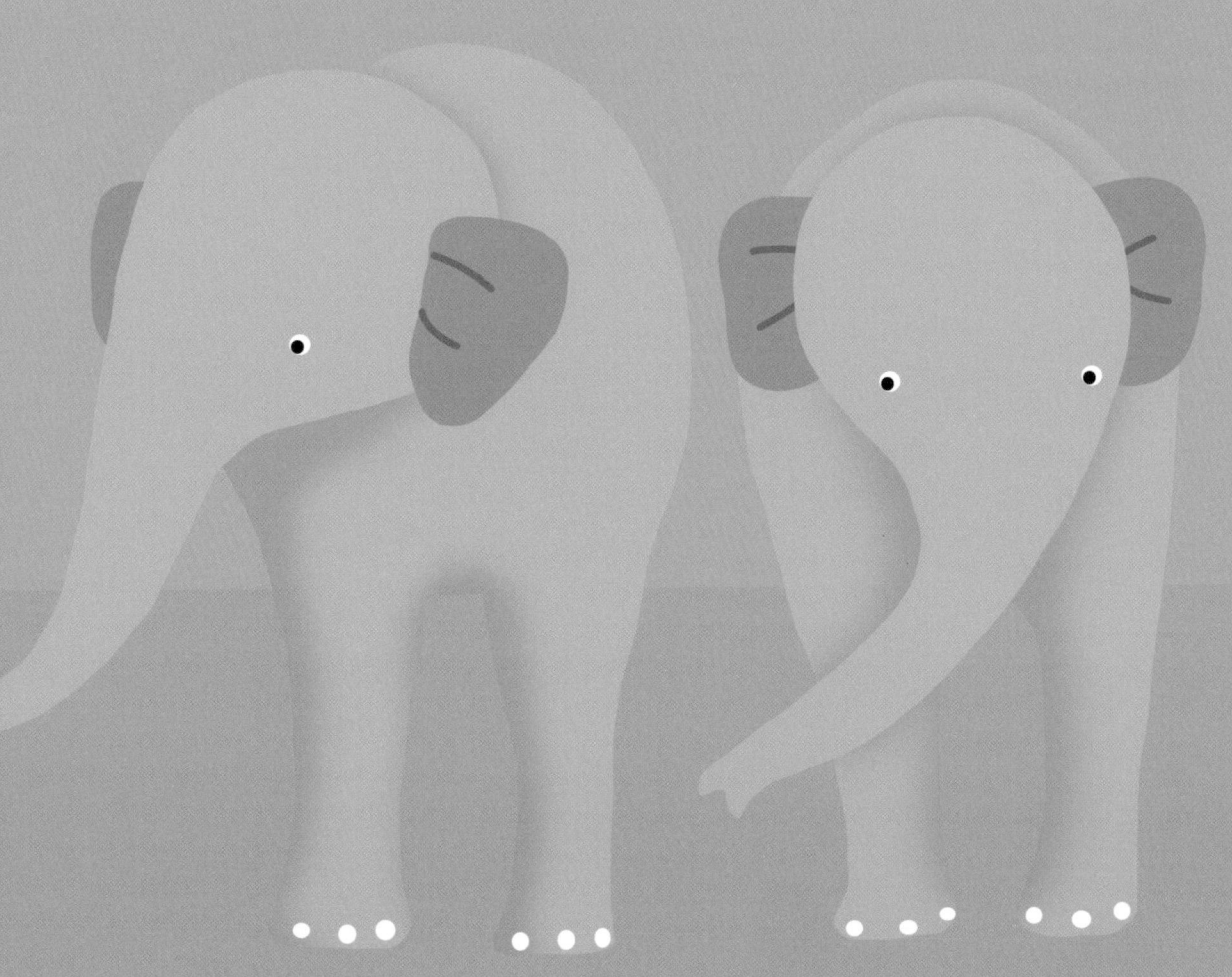

그래서 귀찮으냐고? 대장님과 함께 살기 힘드냐고?
어이쿠, 무슨 그런 이상한 말을!
우리는 대장님을 너무 사랑해.
밤이나 낮이나 우리를 아끼는 포근한 마음,
우리 애송이들과는 비교할 수도 없는 넓고 깊은 지혜.
눈에 보이지 않는대도 이런 게 얼마나 귀한 건지
우리 코끼리들은 잘 알기 때문이야.

이럴 줄 몰랐지?

어느 아기 기린에게 위험이 닥쳤다.
사자가 잡아먹으려고 가까이 다가온 것.
이걸 본 **엄마 기린은 다다다 달려들어 그 무서운 사자를 발로 뻥 걷어찼다.**
사자는 무려 5미터나 날아가 엉덩방아를 찧었다.

엄마 쥐가 꺄아아아아~
괴성을 지르며 커다란 개, 셰퍼드의 목을 물었다.
셰퍼드가 자기 아기들을 물려고 했기 때문.

우리는 엄마들의 사랑이
얼마나 대단한지도 잘 알아요.
눈에 보이지 않는데도 잘 알죠.

새끼 돌고래를 향해 한 마리 상어가 다가왔다.
한입에 덥석 집어삼킬 듯했다.
그때 엄마 돌고래가 거대한 상어의 옆구리를 들이박기 시작했다.
있는 힘을 다해 쉬지도 않고 자꾸자꾸 공격했다.
결국 상어는 죽고, 아기 돌고래는 살았다.

푸르른 초원 위에 양 떼들이 한가롭게 지나가고 있었다.
그때 아주 조그만 **엄마 도요새가 갑자기 날개를 퍼덕거리면서 소리를 질러 댔다.**
놀란 양 떼들이 이리저리 흩어졌다.
도요새는 풀숲에 둥지를 틀고 알을 낳는다.
양들이 새끼들을 밟지 못하게 엄마 도요새가 온 힘을 다해 지켜 주었다.

한 마리의 매가 아기 산토끼를 잡아먹으려고 휙 날아 내려왔다.
그 순간 **엄마 산토끼가 공중으로 무려 50미터나 뛰어올라 매를 뒷발로 뻥 찼다.**
매는 기겁을 하고 멀리멀리 도망쳤다.
초. 능. 력.
대! 방! 출!

대가족이 함께 사는 **코끼리**들은
가족 중에 누가 죽으면 그 곁에 조용히 머문다.
죽은 코끼리를 흙과 덤불로 덮어 주고
한 일주일쯤 슬픈 마음을 나누고 위로하며 시간을 보낸다.
그 뒤로도 코끼리들은 몇 년 동안이나 이곳을 다시 찾아와
하얗게 남은 머리뼈를 코로 쓰다듬는 시간을 갖는다.

나이가 많이 든 할머니 **침팬지**가 세상을 떠나려고 하자
도통 가만히 있질 못하는 젊은 침팬지들도 그 곁을 조용히 지켰다.
거칠어진 할머니의 털을 고르고 쓰다듬으며 다정한 마음도 자주 보냈다.
할머니 침팬지가 죽은 뒤에는 딸이 그 곁을 지켰다.
할머니가 머물던 자리는 아늑하고 좋았지만
이 자리를 차지하겠다고 덤벼드는 침팬지는 아무도 없었다.
며칠이 지나도록 모두들 고요히 지냈다.

우리는 죽는다는 게 뭔지도 알아요.
태어나는 것만큼이나 죽음도 중요하다는 걸, 눈에 보이지 않아도 잘 알죠.

고릴라는 술래잡기를 좋아한다.
조마조마 마음을 졸이며 숨바꼭질도 한다.

코요테는 놀이 규칙을 안 지키는 녀석하고는 두 번 다시 같이 놀지 않는다.

일본원숭이는 눈을 뭉쳐 눈싸움을 하며 즐거워한다.

큰까마귀는 줄다리기를 하며 논다.
눈 쌓인 비탈길에서 미끄럼 타는 것도 좋아한다.
어디서 돌을 주워다 휙휙 던지며 놀기도 한다.
더 재밌게 놀고 싶어서 나뭇가지로 장난감도 만든다.

사슴과 **말**은 아무렇게나 껑충껑충 뛰며 논다.

우리는 즐거움이 얼마나 소중한지도 알아요. 그래서 놀죠.
노는 동안 우리는 행복을 느끼고 몸도 튼튼해져요. 우정도 쌓여요.

마르클의 편지

안녕하세요.

저는 후베르트 마르클이라고 하는 과학자입니다.

여러분은 혹시 망토개코원숭이 할아버지 특공대에 대해 알고 계신가요?

망토개코원숭이는 거친 바위산에 몇백 마리가 큰 무리를 지어 모여 살아요.

주로 바위 아래 숨어 있는 작은 동물을 먹고사는데

낮에는 이런 먹이를 찾기 위해 각 가족끼리 뿔뿔이 흩어져 하루를 보내죠.

그런데 이때 아주 조심해야만 해요.

거의 절반은 사막이라고 할 수 있는 이런 황야에는 먹을 것이 별로 없어서

배고픈 적들이 아주 많거든요.

아빠 망토개코원숭이는 정신을 똑바로 차리고 가족을 지키기 위해 최선을 다하지요.

그런데 가끔은 혼자서 감당할 수 없는 어려운 상황을 맞닥뜨리기도 한답니다.

도와줄 이웃도 하나 없는데

야생 개나 하이에나 떼가 무리 지어 다가오며 군침을 흘릴 때도 있거든요.

바로 이럴 때, 짜잔!

망토개코원숭이 할아버지 특공대가 나타나지요.

이 특공대는 이름 그대로 할아버지들로만 이루어져 있어요.

젊은 시절에는 큰 무리 안에서 대장 노릇을 했지만

나이를 먹어 그 자리를 젊은 원숭이에게 넘겨준 할아버지들 말이에요.

이 할아버지들은 대장 역할을 그만둔 뒤엔 가족을 떠나 할아버지끼리 살아요.

그러다 번개같이 나타나 위험에 빠진 가족과 이웃들을 지켜 주지요.

이게 다가 아니에요.

낮 동안 흩어져 있던 젊은 망토개코원숭이들은

저녁이 되면 수백 마리가 한데 모여 가파른 바위 절벽에서 같이 자요.

이런 곳은 적들이 쉽게 침입하기가 어려우니까요.

그런데도 모두들 더 마음 놓고 푹 자라고 할아버지 특공대가 망을 봐 준답니다.

4~5마리씩 조를 짜서 적이 드나들 수 있는 좁은 통로를 밤새 지키는 거예요.

할아버지 특공대 덕분에 모든 젊은 망토개코원숭이들은

아침마다 개운하게 일어나 또 하루를 보낼 수 있죠.

할아버지 특공대, 너무 멋져요!

클링겔의 편지

안녕하세요. 저는 한스 클링겔입니다.

저도 동물을 연구하는 과학자예요.

저는 아프리카에 사는 콰가얼룩말에 대해 공부를 했고,

이 아름다운 얼룩말들을 소개하고 싶어 편지를 쓰게 되었어요.

콰가얼룩말은 나이가 들면 자식들에게 우두머리 교육을 시켜요.

한 2년쯤 충분히 공을 들여 가르친답니다.

자기 자신이 젊었을 때 아버지로부터 배운 것에다가

지금까지 살아오면서 스스로 알게 된 모든 지혜까지 몽땅 보태 알려 주지요.

이를테면 이런 것들 말이에요.

배고픈 사자가 가까이 온 것을 어떻게 알아챌까?

사자가 근처에 있는 걸 알아챈 뒤에는 이 아찔한 상황을 어떻게 벗어날까?

공격을 막을 때 이빨은 어떻게 쓰는 게 좋나?

발굽을 사용할 때는 어떻게 해야 적은 힘으로도 가장 세게 뻥 찰 수 있나?

젊은 콰가얼룩말은 이 모든 것을 귀 기울여 잘 배웁니다.

아버지가 가르쳐 주는 삶의 지혜를 소중하게 여기니까요.

자신과 가족과 이웃의 생명을 지킬 수 있게 하는 귀한 유산이라는 걸 알지요.

그리고 이 모든 것을 다 배운 뒤에는

우두머리 자리에서 물러난 늙은 아버지를 정성껏 모신답니다.

특히나 여러 아들들 중 한 마리는 절대 아버지 곁을 떠나는 법이 없어요.

사나운 짐승으로부터 힘이 없는 아버지를 지키고 돌봐요.

너른 자연 속에서 콰가얼룩말은 언제나 이렇게 살아왔어요.

아주 오랜 옛날부터 지금까지 예외 없이 누구나요.

그런데 참 이상도 하죠?

동물원의 콰가얼룩말은 제멋대로거든요.

소중한 지혜를 물려받기는커녕

제멋대로 늙은 아버지를 무시하며 버릇없게 굴지요.

이런 콰가얼룩말은 자식을 낳아도 가르칠 게 아무것도 없을 거예요.

아무래도 동물원은

동물들의 자연스럽고도 훌륭한 삶을 엉망으로 만드는 것 같네요.

8

우리에게도 마음이 있어

- 파놈이 엉엉 울었어
- 이럴 줄 몰랐지?
- 샤르마의 편지

파놈이 엉엉 울었어

한 아저씨가 넋을 잃은 채로 앉아 있었어.
여긴 태국이고, 이 아저씨는 송짜이 할아버지의 아들인데
할아버지가 갑자기 교통사고로 돌아가셨거든.
송짜이 할아버지는 마음씨가 아주 고운 분이라서
이웃들도 아저씨만큼이나 슬퍼했어.
그때 아저씨가 문득 파놈을 떠올렸어.
"아, 맞다! 녀석에게도 알려 줘야지!"

파놈은 원래 서커스 코끼리였어.
철창에 갇혀 우울하게 지내던 녀석을 송짜이 할아버지가 데리고 왔지.
할아버지는 나무를 베어다 파는 사업을 하고 있어서
파놈은 할아버지 일터를 따라다니면서 나무 옮기는 일을 했어.
일이 끝나면 둘은 또 같이 집으로 왔단다.
무려 십 년이나 그랬어.
이 둘은 이 세상에서 가장 다정한 친구 사이였어.

"파놈. 아버지가 돌아가셨어."
아저씨가 말했어.
그 순간, 파놈의 눈동자가 멍해졌어.
그러더니 허겁지겁 집을 나서는 게 아니야?
아저씨가 파놈을 막아섰어.
"지금 장례식장에 가려는 거야? 그러지 마.
거긴 사람이 너무 많아. 누가 다치기라도 하면 어떡해."
하지만 소용없었어.

장례식장에 도착한 파놈은 곧장 할아버지 사진 앞에서 털썩 무릎을 꿇었어.
그러더니 목 놓아 울기 시작했어.
"엉엉……. 엉엉엉……."
파놈의 울음은 도통 끝날 줄을 몰랐어.
"너 정말 슬프구나. 아버지도 네가 보고 싶어 우시겠구나."
아저씨도 덩달아 따라 울었어.
옆에 있던 사람들도 파놈을 위로하며 같이 울었어.

이럴 줄 몰랐지?

매기의 일기

요즘 나는 마음이 편안하다. 사는 것이 좋다. 더 오래오래 살고 싶다.
얼마 전까지만 해도 꿈도 못 꿨던 일이다.
1983년, 아프리카에서는 코끼리가 너무 많다며
사람들이 우리를 마구잡이로 죽였다.
바로 내 앞에서 우리 가족도 모두 다 죽임을 당했다.
나만 겨우 살아남아 동물원으로 팔려 갔다.
매기라는 이름으로 알래스카 어린이 동물원에 홀로 사는
코끼리 애너벨의 가족이 되기 위해서였다.
하지만 애너벨은 오래 살지 못했다. 나도 시름시름 아팠다.
알래스카는 코끼리에게 너무 추웠고, 풀도 돋지 않은 바닥은 지나치게 딱딱했다.
무엇보다 나는 외롭게 혼자 지내야 했다.
원래 코끼리는 다른 코끼리들과 어울려 함께 산다.
내 가족들이 죽었던 슬픈 장면은 그곳에서도 생생하게 떠올랐다.
나는 몸도 마음도 지칠 대로 지쳤고, 결국 쓰러져 버리고 말았다.
코끼리가 옆으로 누운 채로 오래 있으면 위험하다.
사육사와 소방관 여럿이 와서 나를 일으켜 세우는데 무려 19시간이나 걸렸다.
그러나 이틀 뒤에 나는 또 쓰러졌다.
'가족도 친구도 다 죽었는데 나 혼자 살아남아서 뭘 해?'
자꾸 이런 생각만 났다.

그런데 어떤 사람들이 내 마음을 바꿔 놓았다.
그들은 자기들을 '매기의 친구들'이라고 했다.
'매기의 친구들'은 길거리로 나가
많은 사람들에게 나의 고통을 알리고,
동물원에서 일하는 사람들을 만나 나를 돕도록 설득하고,
정부에도 줄기차게 편지를 보냈다.
"우리는 지금 매기를 학대하고 있는 것이다."
"당장 매기를 따뜻하고 넓은 곳으로 보내라"
"매기를 코끼리답게 다른 코끼리들과 살게 해라!"
'매기의 친구들' 덕분에
나는 지금 일 년 내내 따뜻한 곳에서 잘 지내고 있다.
여긴 보호구역이라서
동물들이 나무 사이를 자유롭게 산책할 수 있다.
마음 편히 달콤한 낮잠을 잘 수도 있다.

나는 인간은 모두 잔인한 괴물인 줄 알았다.
그런데 모두가 다 그런 건 아닌 모양이다.
이제 나는 죽고 싶지 않다.
행복하게 오래오래 살고 싶다.

어느 구조견의 일기

오늘은 날씨가 추워도 너무 추웠다.
그런데 구조 요청 신고가 들어왔다.
온 세상이 꽝꽝 얼어붙은 것 같은 이런 날엔
1분이라도 빨리 구조에 나서야 한다.
조금이라도 늦어지면 슬픈 일이 벌어진다.
나는 우리 구조팀과 함께
서둘러 산으로 올라갔다.
'제발 살아 있어라, 제발……'
나는 바라고 또 바랐다.
하지만 우리가 찾아냈을 때
그 사람은 이미
이 세상을 떠난 뒤였다.
이 혹독한 추위에 얼마나 괴로웠을까?
이 끝도 없는 눈밭에서
혼자 얼마나 무서웠을까?
사고 당한 사람이 너무 가여웠다.
마음이 아팠다. 너무 속상했다.

어느 돌고래의 일기

저번에 물속에서 거품으로 둥근 원을 만들고
거길 쏙쏙 빠져나가는 놀이를 했는데 참 재미있었다.
그래서 오늘도 거품 놀이를 했는데 이상하게 저번만큼 재미있지가 않았다.
어떻게 하면 더 재미있게 놀까 궁리를 하다가,
있는 힘을 다해 물 밖으로 솟구쳐서 뱅글뱅글 맴을 도는 놀이를 해 보았다.
와, 기분이 끝내줬다!
우리 돌고래들은 조용히 술렁술렁 파도를 타는 것도 좋아하고
산호 가지를 물 위에 띄우고 다시 잡아 오는 놀이도 좋아한다.
솔직히 놀이는 뭐든 다 재미있다. 신이 난다.
삶은 즐거워야 하는 것이다. 나는 죽을 때까지 즐겁게 살고 싶다.

샤르마의 편지

안녕하세요. 저는 인도 사람 샤르마예요.

우리 집에는 거의 삼십 년째 함께 살고 있는 앵무새가 있어요.

이름은 미투지요.

사람들은 새들이 머리가 나쁜 줄 알아요.

'새대가리'라는 말도 안 되는 말까지 만들어 냈잖아요?

하지만 새들은 멍청하지 않아요.

우리 집에 끔찍한 짓을 저지른 범인을 바로 우리 미투가 잡은걸요.

생각하니 아직도 가슴이 찢어지는 것 같이 아파요.

어느 날 퇴근을 하고 집에 돌아오니 나의 아내와 우리 개가 죽어 있었던 거예요.

나는 바로 신고했고 경찰이 수사를 시작했죠.

하지만 범인을 잡을 수가 없었어요.

목격자도 없었고 주변에 카메라 같은 건 더더욱 없었기 때문이었답니다.

나는 절망했어요.

먹지도 않고 잠도 제대로 못 자며 감당하기 힘든 슬픔을 간신히 견뎌 낼 뿐이었어요.

미투도요.

그 무렵 저의 친척 아슈가 우리 집을 방문했어요.

그런데 갑자기 미투가 벌벌 떨며 소란을 피우지 뭐예요?

가만히 앉아 있질 못하고 날개를 다급하게 푸드덕거렸죠.

나는 미투가 겁에 질려 있다는 걸 단박에 알아챘어요. 뭔가 이상했어요.

그래서 아슈가 돌아간 다음 물었답니다.

"미투. 아슈가 엄마를 죽였어?"

미투가 고개를 끄덕였어요.

"아슈가 엄마를 죽였다고?"

답답하다는 듯, 미투가 또 빠르게 고개를 끄덕였어요.

나는 곧장 경찰서에 전화를 걸었고 결국 아슈가 범인이라는 게 밝혀졌어요.

과학자들이 그러더라고요.

앵무새는 자기한테나 자기가 좋아하는 사람에게

못되게 구는 사람을 무서워한다고요.

미투의 마음엔 여러 가지 감정이 들어 있어요.

두려움도 있고 슬픔도 있고, 우리가 모두 함께 지냈을 때의 행복도 있죠.

나는 미투가 엄마를 그리워하는 것도 알아요.

어떻게 아냐고요? 가족이니까 알죠.

서로 관심과 사랑이 있다면 그런 것쯤은 저절로 알게 되는 법이랍니다.

덧붙이는 중요한 이야기

―

땡칠이 호동이의
우리 식구 이야기

―

반가워요! 우리는 땡칠이, 호동이에요.

1. 우리 가족을 소개합니다

우리가 누군지 궁금했지?
땡칠이 형님, 그 옆에 대장 그리고 사랑스럽기 짝이 없는 귀염둥이 나, 호동이.
우리는 이렇게 한 가족이야.
우리는 서로 생긴 것도 다르고 성격도 아주 달라.
그리고 우리는 서로 사랑해.

2. 우리는 이렇게 만났어요

땡칠이가 알려 주는
가정견 입양

나는 서울의 어느 집에서 태어났어.
온종일 형제들이랑 우당탕 쿠당탕 뛰어놀며 지냈어.
배고프면 엄마 젖을 쪽쪽 빨아 먹고, 배부르면 아빠 다리를 베고 잤지.
두 달쯤 지나자 낯선 사람들이 와서 형제들을 하나씩 데리고 갔어.
대장도 우리 집에 와서 나를 데려갔고. 이날부터 우리는 한 가족이 되었어.
그리고 시간이 흐르고 흘러 나는 지금 열다섯 살 할아버지가 됐어.

 호동이가 알려 주는
유기견 입양

나는 강아지 공장에서 태어났어.
다른 강아지들이랑 아무렇게나 플라스틱 바구니에 마구 담겨져서
트럭에 실려 이리로 팔려 가고 저리로 팔려 가고…….
그러다가 어떤 펫숍 유리장에 진열이 됐어.
사람들이 유리벽을 툭툭 두드리며 우리를 구경하곤 했어.
그러던 어느 날, 그 구경꾼 중에 어떤 사람이 나를 사 갔어.
나를 안아 주는 사람이 생겨서 꼬리가 자꾸만 팔랑댔어.

그런데 내가 한 살쯤 됐을 때 그 사람은 나를 낯선 곳에 갖다 버렸어.
내 몸집이 커져서 이젠 귀엽지가 않다나?
나는 집을 찾아 헤매고 헤매다가 동물보호센터로 잡혀갔어.
거기에는 나 말고도 다른 개들이 많았어. 고양이도.
사람들이 그러더라. 여기선 딱 열흘 동안만 지낼 수 있다고.
옛 주인이든 새 주인이든 누군가 데려가지 않으면 나를 죽인 댔어.
정해진 그 열흘 중에 겨우 달랑 삼 일이 남았을 때
나는 마음씨 좋은 사람들 덕분에 보호소 밖으로 나갈 수 있었어.
그리고 우리 대장을 만나 가족이 됐어.

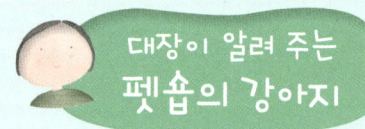

대장이 알려 주는
펫숍의 강아지

펫숍이 뭐냐고요?
'강아지 공장'에서 태어난 아기 동물을 파는 가게죠.
강아지 공장의 원래 이름은 '번식장'이에요.
공장에서 기계로 물건을 계속 만들어 내듯
강아지를 줄기차게 태어나게 만들어 이런 별명이 붙었어요.
이곳의 엄마 개들은 평생 아주 좁은 철창에 갇혀 지내요.
산책이나 편안한 잠자리, 맛있는 밥 같은 건 꿈도 못 꾸죠.
나이가 많아지거나 병이 들어 강아지를 낳을 수 없게 되면 죽임을 당하는데
그 지경이 돼서야 철창을 벗어날 수 있답니다.

강아지 공장에선 엄청나게 끔찍하고 처참한 일들이 벌어져요.
차마 여기에 말할 수조차 없을 정도예요.

지금도 길거리 곳곳에 펫숍이 있지요.
주먹만 한 아기들이 마치 인형처럼 유리장 안에 전시가 되고
아직도 많은 사람이 이런 가게에서 강아지를 예쁜 인형을 사듯 사요.

사실 여기서 아기 동물을 사는 건 자기 마음이에요.
사라, 사지 마라, 누가 강요할 수 있겠어요?
하지만 이 아기들이 어떻게 여기까지 오게 됐는지
이건 꼭 한번 생각해 봤으면 좋겠어요.
인터넷을 검색하면 관련 기사나 뉴스 보도 동영상이 많답니다.
강아지 공장이 어떤 곳인지도 꼭 한번 찾아보시길 바라요.
생각하는 사람만이 이 세상을 더 낫게 바꿀 수 있어요.

3. 귀여워하는 마음만으로는 진짜 가족이 될 수 없어요

평생 함께 살기 위한 준비 몇 가지

집에 오자마자 대장은 내 목에 뭔가를 걸었어.
호동이라는 내 이름하고 대장 전화번호가 새겨진 목걸이였지.
나를 병원에 데려가서 이런저런 검사도 했어. 와, 피도 뽑더라!
나는 거기서 '**동물등록**'이란 것도 했어.
우리에 대한 정보를 '**동물보호관리시스템**'에 등록하는 거야.
나는 이제 나만의 번호가 생겼고, 이 번호가 새겨진 인식표를 목에 걸었어.
만약 우리가 길을 잃으면
이걸로 바로 가족을 찾아 줄 수 있대.

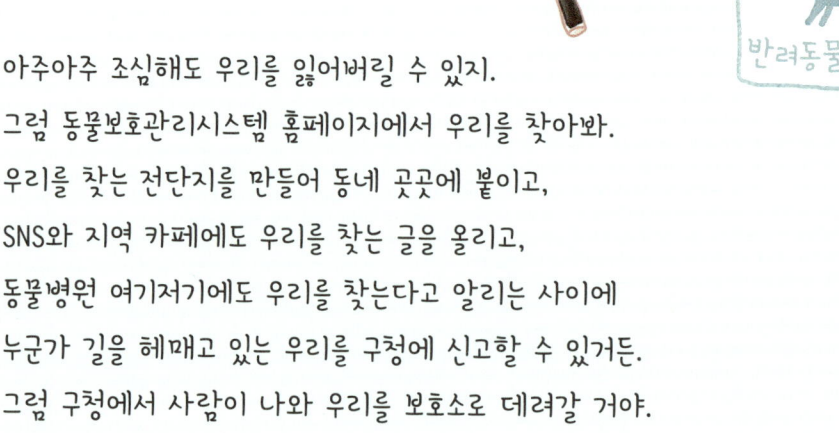

아주아주 조심해도 우리를 잃어버릴 수 있지.
그럼 동물보호관리시스템 홈페이지에서 우리를 찾아봐.
우리를 찾는 전단지를 만들어 동네 곳곳에 붙이고,
SNS와 지역 카페에도 우리를 찾는 글을 올리고,
동물병원 여기저기에도 우리를 찾는다고 알리는 사이에
누군가 길을 헤매고 있는 우리를 구청에 신고할 수 있거든.
그럼 구청에서 사람이 나와 우리를 보호소로 데려갈 거야.
이때 우리가 어디에 있는지 동물보호관리시스템 홈페이지에 글이 올라가.

* 동물보호관리시스템 https://www.animal.go.kr

와, 그런데 그다음부터가 기가 막혀!
글쎄 대장이 나한테 온갖 공부를 시켜 대지 뭐야?
"기다려!", "조용!", "안 돼!" 그리고 가끔 "손!"
모든 공부 중에서 대장이 가장 중요하게 생각한 것은 바로 "쉬"였어.
종일 날 지켜보다가 내가 뭘 쌀 것 같으면 냉큼 배변판 위에 올려 놓고
"쉬~~~~, 쉬~~~~" 그랬어.
아니, 새벽에 꾸벅꾸벅 졸면서도 그러더라? 끈질겨!
나는 일주일 만에 배변판 위에 좔좔좔 쉬를 해 줘 버렸어.
"이거지! 해낼 줄 알았어! 너는 천재야!"
대장은 내 이마에 볼을 비벼 대더니 나를 번쩍 안고 춤을 췄어.
이렇게 기뻐할 줄이야.
나는 큰맘 먹고 화장실에서 쉬하는 개가 돼 주기로 했어.

 **대장이라면 반드시 해야 할 일들**

대장이라면 힘들어도, 어려워도, 귀찮아도 꼭 해야 하는 일들이 있어요.
만약에 뭐 하나라도 지킬 수 없다면
처음부터 반려동물과 가족이 되고 싶은 마음은 버려야 해요.

1. 질 좋은 사료와 깨끗한 물을 꼬박꼬박 챙겨 준다.
2. 집같이 안전한 곳에서는 자유롭게 풀어 준다.
    만약, 열린 공간에서 지낸다면 목줄을 길게 묶고
    비와 한여름의 땡볕과 한겨울의 찬바람을 막아 준다.
3. 예방접종을 꼬박꼬박 잘해 준다.
    심장사상충약, 외부기생충약, 구충제 등도 때맞춰 준다.
    아프면 반드시 병원에 데려가 적절한 치료를 받게 한다.
4. 공기가 맑고 깨끗한 날은 산책한다.
5. 큰 소리를 지르거나 때리며 고통을 주지 않는다.

이 다섯 가지는 동물복지 5대 원칙과도 연결이 된답니다.
세계동물보건기구는 동물복지를
"동물이 건강하고 안락하며
좋은 영양 및 안전한 상황에서 본래의 습성을 표현할 수 있으며
고통, 두려움, 괴롭힘 등의 나쁜 상태를 겪지 않는 것"
이라고 했어요.
이것을 기본으로 서울시도 **동물복지 5대 원칙**을 만들었어요.

1. 배고픔과 목마름으로부터의 자유
2. 환경이나 신체적 불편함으로부터의 자유
3. 고통, 질병 또는 상해로부터의 자유
4. 정상적인 습성을 표현할 자유
5. 두려움과 스트레스로부터의 자유

4. 우리는 이웃과도 잘 지내야 해요

지구에는 식물도 살고 동물도 살아요.
식물과 동물이 사이좋게 지내야 지구가 평화롭죠.
동물에는 나 같은 '사람 동물'도 있고 땡칠이랑 호동이 같은 '사람 아닌 동물'도 있어요.
이 둘도 사이좋게 지내야 세상이 살 만한 곳이 돼요.
모두의 마음에 행복이 깃들기 위해서는 서로 배려하고 예의를 지켜야 한답니다.
이걸 **펫티켓**이라고 해요.
반려동물이라는 뜻의 펫pet과 예절이라는 뜻의 에티켓etiquette을 합쳐 만든 말이죠.

펫티켓 1. 집 밖에선 반드시 가슴줄이나 목줄을 매줘야 해요.

개를 싫어하거나 무서워하는 사람도 있거든요.
개를 예뻐하는 나조차도 목줄 풀린 개는 질색이에요.
쪼르르 제멋대로 와서 우리의 소중한 산책 시간을 방해하니까요.
심지어 막 뛰어와서 짖으며 덤벼들기도 한다니까요, 세상에!
잽싸게 움직이는 차와 오토바이로부터 반려동물을 보호하기 위해서도
대장들은 주변을 잘 살피고 언제나 이 줄을 단단히 쥐고 있어야 한답니다.

외출을 할 때 반드시 입마개를 해야 하는 다섯 종류의 개도 있어요.

도사견과 그 혼혈종
아메리칸 핏불 테리어와 그 혼혈종
아메리칸 스태퍼드셔 테리어와 그 혼혈종
스태퍼드셔 불 테리어와 그 혼혈종
로트와일러와 그 혼혈종

평소 사납거나 입질이 있는 개라면 작은 아이라도 입마개가 필요해요.
개들은 언제든 무엇이든 물 수 있어요.

펫티켓 2. 응가를 치울 배변 봉투랑, 쉬에다 뿌릴 물도 챙겨야지요.

펫티켓 3. 사랑한다면 예절 교육도 시켜야 해요.
        다른 개만 보면 짖으며 덤벼드는 개들도 있는데요,
        이건 걔네 대장이 산책 예절을 안 가르쳐 줘서 그런 거예요.
        예절 교육은 밥이나 건강을 챙기는 것만큼이나 중요한 대장의 의무랍니다.

펫티켓 4. 엘리베이터 같은 좁은 공간에서는 개를 품에 안으세요.
크고 무거운 개라면 모퉁이 한구석에 앉게 한 뒤에
대장이 그 앞을 막아서 있으면 됩니다.

펫티켓 5. 버스나 지하철을 탈 때는 케이지나 애견 배낭에 넣어서 태워야 해요.
승용차에서도 케이지를 이용하면
갑자기 차를 멈추거나 사고가 나도 훨씬 안전해요.

펫티켓은 반려동물만 지켜야 하는 예절이 아니에요. 사람도 똑같이 지켜야 해요.
대장의 허락도 없이 마구 달려들어 만진다거나
지나가는 개에게 괜히 "쭛, 쭛, 쭛." 이런 소리를 내는 것은 실례예요.
댕댕 가족의 평화로운 산책 시간을 존중해 주시길 부탁드려요!

5. 우리는 서로가 서로를 키워요

땡칠이와 호동이는 나를,

동물로 실험한 화장품을 쓰지 않게 만들었어요.
동물 실험은 너무 잔인해요. 이러지 않아도 얼마든지 좋은 화장품을 만들 수 있답니다. 누군가의 고통으로 예뻐지고 싶지 않아요.

멋져 보여도 모피 옷은 거들떠보지도 않게 만들었어요.
밍크, 여우, 라쿤, 오리, 거위, 앙고라토끼의 털과 메리노울 등등…….
동물에게서 털을 얻는 과정은 너무 소름 끼쳐요. 절대로 사지 않을 거예요.

동물복지 달걀 같은 식품을 골라 사 먹게 만들었어요.
우유, 고기, 루왁 커피 같은 식품도 인간이 동물에게 큰 고통을 주고 얻지요.
생각만 해도 끔찍해서 차마 여기다 쓸 엄두도 안 나요.

동물원에 가거나 동물 쇼를 보지 않게 만들었어요.
굳이 동물을 타고 다니거나 동물 쇼를 보지 않아도 여행은 충분히 즐거워요.
개싸움, 소싸움 같은 모든 동물 싸움도 절대, 절대, 반대합니다!

지구의 환경에 예민해지게 만들었어요.
죽은 거북이의 배가 쓰레기로 가득 찬 걸 보고 얼마나 놀랐는지.
뼈만 남은 북극곰이 쪼개진 빙하 위에 위태롭게 서 있는 건 또 어떻고요!
나 편하자고 누군가를 아프게 하거나 죽이고 싶지 않아요.

당연하다고 여겼던 것들에 대해 생각하고 또 생각하게 만들었어요.
"생각하는 대로 살지 않으면 사는 대로 생각하게 된다."
프랑스 시인 폴 발레리의 말이에요.

날마다 감사와 감동을 느끼게 만들었어요.
나의 털북숭이 가족에게 좋은 밥과 꼭 필요한 약을 먹일 수 있어 기뻐요.
건강한 몸과 평안한 하루 덕에 오늘도 또 요 녀석들과 함께 산책을 할 수 있어
감사해요.

누구나 알죠. 내가 땡칠이와 호동이를 키운다는 걸요.
그런데 땡칠이와 호동이도 나를 키워요.
나와 이 세상에 대한 더 나은 태도가 무엇인지 늘 생각하게 만들어요.

6. 작별 준비도 필요해요

마음은 안 그런데, 솔직히 요즘은 기운이 너무 없어.
나는 아주 약하게 태어난 개라서
강아지 때부터 약을 먹은 날이 안 먹은 날보다 많았어.
피부병 때문에 걸핏하면 약샴푸로 목욕을 하는 것도 아주 괴로웠지.
그래도 나는 견뎠어. 대장하고 함께 있는 게 좋았거든.

나는 요즘 눈도 안 보이고, 귀도 안 들리고, 잘 걷지도 못해.
그래서 대장은 나를 포대기에 싸서 안고 산책을 시켜 줘.
대장 품에 편히 안겨 꽃 냄새, 나무 냄새, 그리고 바람 냄새를 맡지.
이 냄새들은 날마다 달라. 그래서 산책길은 언제나 좋아.
이런 날이 조금 더 오래 이어지길 나는 바라.
요즘 대장은 폭신한 내 방석 한쪽을 베고 누워
조심조심 나를 자꾸만 쓰다듬어.
대장이 그럴 때마다 나는 말하지.
"대장, 걱정 마. 나 밥도 잘 먹는걸? 나는 오래 살거야."

하루를 마무리하는 깊은 밤마다
대장은 나를 안고 침대로 가면서 톡톡톡 엉덩이를 두드려.
"기특하고 장하다, 우리 땡칠이. 내일도 또 만나야 된다. 알지?"
알지, 알지. 내일도 모레도, 우린 또 만나야지.
그러면서도 한편으로는 걱정이 돼.
우리 털북숭이들이 떠나면
대장들은 자식이 죽은 것만큼 큰 슬픔을 겪는다던데.

나는 오늘도 대장한테 등을 딱 붙이고 잠이 들어.
이 세상 모든 걸 다 가진 듯
하루 중 가장 완벽하게 편안한 이 시간이 좋아.
나는 아기 때부터 하루 종일 대장만 졸졸 따라다녔는데…….
대장이랑 오래오래 이렇게 지내고 싶어.

대장의 편지

2021년 3월 3일. 땡칠이가 무지개다리를 건넜어요.

15년 6개월, 날수로는 5665일을 이 세상에 머물다 떠나갔지요.

강아지 때부터 여기저기가 많이 아픈 아이기는 했어요.

그래도 우리 땡칠이는 잘 견뎌 냈어요. 밥도 잘 먹고 잠도 잘 잤어요.

건강한 아이처럼 산책도 얼마나 좋아했는지 몰라요.

발걸음이 어쩜 그렇게 가볍고 경쾌한지!

심장이 다 돼서 갑자기 떠날 수 있으니 마음의 준비를 하라는 얘길 들은 뒤로도

6년이 넘도록 이런 고만고만한 날들이 계속 이어졌어요.

와드득와드득 아침밥 한 그릇을 뚝딱 먹어 치우는 땡칠이를 보면서

함께 보낼 수 있게 된 또 하루에 감사를 드리며 출근을 했죠.

그래서 땡칠이의 마지막 며칠이 이럴 줄은 상상도 못 했어요.

바로 전날 밤에도 간식을 달라고 저를 졸졸 따라다니던 땡칠이가

다음 날 아침부턴 갑자기 토하고 휘청거리더니 비명을 질러 대기 시작했어요.

통증을 멎게 하는 주사도 여러 대 맞았지만 소용없었어요.

"땡칠이가 이미 무지개다리를 건널 준비를 마쳤어요."

수의사 선생님으로부터 들은 이 말은 도무지 이해가 되지 않았어요.

말도 안 돼. 땡칠이는 곧 좋아질 거야, 다시 괜찮아질 거야, 이 생각만 났어요.

최소한 6년 동안 날마다 했던 작별 연습도 아무 도움이 안 되더라고요.

진통 주사도 소용없을 만큼 아픈 건 도대체 어떤 걸까요?

땡칠이는 낮이고 밤이고 비명을 지르느라 목이 다 쉬어 버렸고

다음 날 오후 나는 사람 가족들과 함께 땡칠이를 병원에 데리고 갔어요.

고통과 작별할 수 있는 주사를 놓아 주기로 마음먹은 거예요.

강아지 때부터 땡칠이에게 다정했던 수의사 선생님이 직접 주사를 놔 주셨어요.

땡칠이는 높고 가느다란 소리로 "하아아…….'' 하더니

비명을 멈추고, 모든 긴장을 풀어내고, 깊은 잠에 빠져들었어요.

그런 다음 주사 한 대를 더 맞은 뒤

땡칠이는 자기가 좋아하던 담요에 싸여

수많은 평범했던 여느 날처럼 내 무릎 위에 엎드렸어요.

우리 사람 가족들은 땡칠이가 얼마나 사랑이 많은 아이였는지,

땡칠이 덕분에 얼마나 행복했는지

이야기를 하고 또 하며 반려동물 화장터로 갔지요.

땡칠이는 거기서 보얀 가루가 되었고

지금은 우리 집 커다란 킹벤자민나무 뿌리 밑에 있어요.

땡칠이가 떠난 봄 내내, 그리고 여름을 지나 가을까지

내 몸은 울음 폭탄으로 가득 채워져 있었어요.

바람만 스쳐도 아무데서나 울음이 터져 나왔어요.

그러던 어느 날 저녁에 세수를 하고 나오는데

땡칠이가 마취 주사를 맞던 그 장면이 불쑥 떠오르지 뭐예요?

"하아아…….'라고 내뱉었던 땡칠이의 마지막 그 소리가

이제 와서 "아, 이제 살았다." 이런 말로 들리는 것이었어요.

아주 또렷하고도 생생하게요.

이제 고통이 끝났다고 마음을 놓는 땡칠이의 이 말에

나의 생각도 마음도 정말 오랜만에 고요해졌어요.

땡칠이를 더 잘 돌보지 못했던 나의 미숙함과 미련함을 탓하는 걸 그만두고

나는 땡칠이에게 마음으로 말했어요.

'네가 더 이상 아프지 않아서 나도 좋아, 땡칠아.'

나는 그날 밤에야 비로소 슬픔 없이 아주 편안하게 잠이 들었어요.

그리고 꿈을 꾸었어요.

우리가 작별을 한 뒤에 처음으로 꾸는 땡칠이 꿈이었어요.

오른쪽으로는 잔잔히 흐르는 강물이 반짝이고

왼쪽으로는 황금빛 벌판이 느릿느릿 바람에 흔들렸어요.

나는 강물과 벌판 사이로 저 멀리까지 뻗은 강둑을 따라 걷는 중이었지요.

우리 땡칠이와 함께요.

품에 안긴 땡칠이는 내 어깨너머로 우리가 지나온 먼 길을 차분하게 감상했어요.

잠에서 깨어나니 환한 아침이었어요.

마음이 아주 고요하고 편안했어요.

침대에 걸터앉아 보일락 말락 조금 웃었던 것 같기도 해요.

빛으로 가득 찼던 땡칠이와의 지난밤 산책이 너무 좋아서요.

땡칠이는 지금 하늘나라에서 신나게 놀고 있겠죠.

약샴푸로 목욕을 안 해도 되고, 쓴 약을 아침저녁으로 먹지 않아도 되고,

눈도 잘 보이고, 귀도 잘 들리고, 다리에도 힘이 넘치고…….

거기서는 진짜 살맛 나게 지내고 있겠죠?

우리 호동이랑 사람 가족들이 차례차례 그곳으로 가면

요 녀석, 꼬리를 치고 발을 동동 구르며 얼마나 좋아할까요?

지구에 있는 우리 집 현관 앞에서 언제나 그랬듯이 말이에요.

함께 사는 동안 땡칠이는 남겨진 우리만큼 행복했을까요?

잘 모르겠어요. 나중에 만나면 물어봐야겠어요. 너무 궁금하거든요.

지금은 땡칠이하고 할 수 있는 게 없어서…….

길을 걷다가 종종 하늘을 보고 이렇게 말해요.

"사랑한다, 땡칠아. 멍멍천사, 납작코, 보들보들 내 새끼.

엄마가 너 사랑해."

이 책을 끝내기 전에……

우리는 누구일까요?

나는 닭

사람들이 좋아하는 치킨이 아니고
달걀 속에서부터 꽤 중요한 이야기를 서로 주고받는 닭.

나는 까마귀

사람들이 말하는 재수 없는 새가 아니고
이름을 지어 서로 불러 주고 위로도 하는 까마귀.

나는 소

사람을 위한 우유 기계가 아니고
나의 송아지를 위해 젖을 만들어 내는 소.

나는 밍크

멋쟁이들의 겨울 코트를 위해서가 아니고
나 자신을 위해 곱고 따뜻한 털을 가진 밍크.

나는 돼지

삼겹살, 소시지, 베이컨이 아니고
깔끔한 성격에 노는 걸 좋아하는 돼지.

나는 토끼

화장품 만들 때 쓰는 실험 도구가 아니고
여기저기 깡충깡충 마음대로 뛰어다니는 토끼.

나는 앵무새

알록달록 색깔 예쁜 인형이 아니고
사람과 진짜 가족이 되는 앵무새.

나는 돌고래

수족관에서 쇼를 하는 광대가 아니고
거대한 바다를 이리저리 헤엄치며 사는 돌고래.

나는 곰

쓸개즙 자동판매기가 아니고
이 산 저 산을 휘저으며 내 멋대로 사는 곰.

나는 코끼리

하루 종일 관광객을 실어 나르는 수레가 아니고
내 힘으로 냄새 지도를 만들어 온 땅을 누비는 코끼리.

나는 침팬지

인간과 가장 비슷한 동물이 아니고
침팬지끼리, 침팬지 방식대로, 침팬지 인생을 살아가는 침팬지.

나는 박쥐

사람들이 무섭다고 호들갑 떠는 악마가 아니고
힘든 이웃을 서로서로 살갑게 챙기는 박쥐.

나는 까치

사람들에게 반가운 소식을 전해 주는 새가 아니고
둥지 잘 짓는 방법을 스스로 연구하고 알아내는 까치.

나는 사자

동물원 구경거리가 아니고
어떻게 살 건지
스스로 결정하고 실천하는 사자.

우리는 닭,
우리는 까마귀,
우리는 소예요.
우리는 밍크이고,
돼지이고,
토끼이며,
앵무새이죠.
우리는 돌고래예요.
우리는 곰이에요.
우리는 코끼리이고,
침팬지예요.
우리는 박쥐,
우리는 까치,
우리는 사자랍니다.

사람들은 자기들을 위해
우리가 이 세상에 있는 거라고 믿나 봐요.
하지만 우리는 그렇지 않아요.

사람들 먹기에 좋아서, 사람들 보기에 귀여워서, 사람을 편하고 즐겁게 해 줘서
우리가 이 세상에 있는 게 아니랍니다.
우리는 사람의 '무엇'이 아니고 우리 자신이지요.
우리의 삶도 존중해 주세요.
우리도 행복하게 살고 싶어요.

저자의 말

우리 같이 해 봐요

<u>스무 살 무렵,</u> 저는 동생과 함께 싱가포르를 여행했어요. 유명한 곳은 다 찾아다녔지요. 주롱 새 공원 같은 곳이요. 여기는 여러 새들이 음악이나 사람의 호루라기 소리에 맞춰 이리로 우르르 저리로 우르르 날아다니며 춤을 추는 공연으로 유명했어요.

"새들이 원래 머리가 좋은가? 어떻게 저걸 다 외웠지?"

처음엔 이런 생각이 들었어요. 그리고 시간이 조금 지나자 또 이런 생각이 들었어요.

"그런데 저 새들은 왜 사람들 앞에서 춤을 추지? 숲이나 바닷가 같은 데 있어야 되지 않나?"

<u>이 여행이 끝나고</u> 집에 돌아왔을 때 저는 변했을까요? 인간의 즐거움을 위해 동물의 자연스러운 삶을 강제로 막는 건 옳지 않다고 외치는 사람이 되었을까요?

아이고, 천만에요! 저는 아무 생각 없이 은빛 여우 털이 풍성하게 달린 코트를 사 입었어요. 동물 실험을 거친 갖가지 화장품을 아무 생각 없이 사서 발랐고요.

비닐이나 플라스틱 사용에 대해서도 아무 생각이 없었어요.

아무 생각 없음.

이것이 저를 스스로 멍청한 바보에 뻔뻔한 인간으로 만든 걸 거예요. 여우 털이 달린 코트를 봤을 때 이 여우 털이 어떤 과정을 거쳐 내 손까지 왔는지 궁금해했어야 해요. 이 여우들이 자연 속에서 어떤 생각을 하고 어떤 마음을 갖고 어떻게 사는지에 대해서도 알아봤어야 했죠. 화장품과 먹을거리, 하다못해 치약과 칫솔, 주방에서 쓰는 수세미까지 다 마찬가지랍니다. 이 모든 것이 결국 나의 삶과 맞닿아 있는데 왜 아무 생각도 없었을까요?

<u>이 책에 들어 있는 모든 동물의 이야기는 동물을 연구했던 수많은 과학자들이 자신의 인생을 걸고 밝혀낸 사실들이에요.</u> 이 세상 모든 동물들은 나와 이웃에게 더 나은 것이 무엇인지를 생각할 수 있죠.

당연히 인간도 그럴 수 있어요.

인간은 코끼리처럼 힘이 세지 않고, 치타처럼 빨리 달릴 수 없는 대신 머리가 좋아요. 이 머리로 좋은 생각을 한다면, 지구 곳곳에서 일어나고 있는 온갖 잔인

  한 일들을 멈출 수 있을 거예요. 솔직히 저도 이제 막 첫발을 뗀 상태라 갈 길이 아직 먼 게 사실이에요. 그래도 끝까지 해 보려고요. 잘 못한대도 할 수 있는 만큼은 해 보고 싶어요.

  우리 같이 해 봐요. 혼자 하면 힘들지만 같이 하면 해 볼 만해요. 우리의 생각, 그리고 이 생각을 실천하는 용기가 빛이 되어 이 지구를 점점 더 환하게 채워 갈 수 있다고 저는 믿어요.

2022. 10.
최은규

생각을 하면 할수록 세상이 더 나아져요.
옳은 일을 선택하고
이 세상을 지켜 주세요.